대한민국 법령 시리즈 537

주류 면허 등에 관한 법률

(약칭 : 주류면허법)

법령

시행령

시행규칙

해광출판사

머리말

이 책은 방대한 법전을 보지 않고 간편하게 해당되는 법령만 참고해서 볼 수 있도록 하였습니다. 공공기관이나 관련 종사자들이 쉽고 간편하게 해당 법령을 참조 할 수 있도록 하였습니다.

특히 해당법률은 물론 관련 시행령, 시행규칙을 함께 실어 관련법을 서로 참고할 수 있게 하였습니다.

법률이라는 것이 크든 작든 항상 변하는 관계로, 출간 이후의 정확하고 최신의 법률은 법제처 국가법령정보센터에서 확인이 가능하니 법률의 실제 적용 시 확인이 필요한 점 유의하기를 바랍니다.

편집부

* 수록 법률은 법제처 국가법령정보센터에서 확인 가능합니다.
* 발행일 기준 시행 법률이므로 최신 법령은 위 센터에서 볼 수 있습니다.
* 본 책자에 수록된 법률의 문구에 대하여 법적인 효력은 없으며,
  실제 적용 법률은 위 센터에서 최신의 법률로 확인하시기 바랍니다.
* 해당 법령과 함께 시행령, 시행규칙도 수록되어 있습니다.
* 발행일 기준으로 개정 예정 법률은 밑줄로 별도 표시되어 있으며,
  보다 정확한 것은 법제처에서 확인하기 바랍니다.

목차

주류 면허 등에 관한 법률
(약칭 : 주류면허법)

[시행 2024. 2. 13.] [법률 제20249호, 2024. 2. 13., 일부개정]

**개정 예정 법률 밑줄 별도 표시.

주류 면허 등에 관한 법률
(약칭 : 주류면허법)

[시행 2024. 2. 13.] [법률 제20249호, 2024. 2. 13., 일부개정]

제1장 총칙

제1조(목적) 이 법은 주류 제조 및 판매업 면허에 대한 기준과 절차, 주류의 검정 등에 관한 사항을 규정함으로써 주류 거래의 안전과 원활한 주세 수입 확보를 목적으로 한다.

제2조(정의) 이 법에서 사용하는 용어의 뜻은 별도의 규정이 없으면 「주세법」에서 정하는 바에 따른다.

제2장 주류의 제조 및 판매 등

제1절 주류 제조면허 및 주류 판매업면허

제3조(주류 제조면허) ① 주류를 제조하려는 자는 「주세법」 제5조에 따른 주류의 종류별로 주류 제조장마다 대통령령으로 정하는 시설기준과 그 밖의 요건을 갖추어 관할 세무서장의 면허를 받아야 한다. 같은 주류 제조장에서 면허받은 주류의 종류 외에 다른 주류를 제조하려는 경우에도 또한 같다.

② 제1항에 따른 주류의 제조에 관한 면허(이하 "주류 제조면허"

라 한다)를 받은 자가 다음 각 호의 어느 하나에 해당하는 행위를 하는 경우에는 주류의 제조로 보지 아니한다. 다만, 제1호 및 제2호를 적용할 때 「주세법」 별표 제3호가목5)부터 9)까지의 규정에 따른 경우에는 주류의 제조로 본다.

1. 제조면허를 받은 주류를 제조하기 위하여 주류 제조장에서 주류를 물로 희석하는 경우

2. 제조면허를 받은 주류를 제조하기 위하여 주류 제조장에서 제조면허를 받은 주류에 첨가할 수 있는 재료를 섞는 경우

3. 주류 제조장을 방문한 사람에게 판매 목적 없이 무상으로 제공하기 위하여 주류 제조장에서 제조면허를 받아 제조한 주류에 다른 종류의 주류에 첨가할 수 있는 재료 또는 「식품위생법」에 따라 식용할 수 있는 식품을 첨가하는 경우. 다만, 주류 제조장을 방문한 사람이 해당 주류를 제조장 밖으로 가져가는 경우 등 해당 주류를 주류 제조장에서 반출하는 경우(「주세법」 제15조제1호에 해당하는 경우는 제외한다)는 제외한다.

③ 주류 제조면허를 받은 자는 관할 세무서장의 허가를 받아 해당 주류를 용기에 넣는 제조장(이하 "용기주입제조장"이라 한다)을 따로 설치할 수 있다. 이 경우 그 주류를 용기에 넣는 행위는 주류 제조로 보고, 용기주입제조장은 주류 제조장으로 본다.

④ 관할 세무서장은 대통령령으로 정하는 주류 제조면허를 받은 자 2명 이상이 공동으로 주류를 제조하게 하는 것이 주세 보전(保全)을 위하여 필요하다고 인정되면 그 면허를 취소하고 새로 공동면허를 할 수 있다.

⑤ 주세 보전상 그 공동면허를 존속시킬 필요가 없다고 인정될 때에는 관할 세무서장은 대통령령으로 정하는 바에 따라 그 공동면허를 취소하고 공동면허를 받았던 자의 신청을 받아 종전의 주류 제조면허를 할 수 있다.

⑥ 관할 세무서장은 주류 제조면허를 받은 자가 운영하는 주류 제조장 시설이 제1항에 따른 시설기준에 미달하게 된 경우에는 대통령령으로 정하는 바에 따라 그 보완을 명할 수 있다.

⑦ 제1항에도 불구하고 다음 각 호의 어느 하나에 해당하는 경우에는 주류 제조면허를 받지 아니하고 주류를 제조할 수 있다.

1. 국가 및 지방자치단체가 시험 목적으로 주류를 제조하는 경우

2. 국공립연구기관 및 「고등교육법」 제2조에 따른 학교가 학술연구 목적으로 주류를 제조하는 경우

3. 제5조제2항에 따라 같은 조 제1항의 주류 판매업의 면허를 받은 것으로 보는 자가 「주세법」 제2조제1호다목에 따른 주류를 이용하여 같은 호 나목에 따른 주류를 제조하는 경우

⑧ 주류 제조면허를 받은 자는 제1항에도 불구하고 계약으로 다른 자에게 주류(주류 제조 위탁자 및 주류 제조 수탁자 모두 자신이 받은 주류 제조면허에 따라 제조할 수 있는 주류로 한정한다)의 제조를 위탁할 수 있다. 이 경우 주류 제조 수탁자는 위탁받은 주류의 제조를 제3자에게 다시 위탁해서는 아니 된다.

⑨ 주류 제조 위탁자는 제8항에 따라 주류의 제조를 위탁하는 경우 대통령령으로 정하는 바에 따라 관할 세무서장에게 신고하여야 한다.

제4조(밑술 또는 술덧의 제조면허) 밑술 또는 술덧을 제조하려는 자는 제조장별로 대통령령으로 정하는 시설기준과 그 밖의 요건을 갖추어 관할 세무서장의 면허를 받아야 한다. 다만, 주류 제조면허를 받은 자가 그 주류 제조장에서 원료용으로 제조하는 경우에는 그러하지 아니하다.

제5조(주류 판매업면허) ① 주류 판매업(판매중개업 또는 접객업을 포함한다. 이하 같다)을 하려는 자는 대통령령으로 정하는 주류 판매업의 종류별로 판매장마다 대통령령으로 정하는 시설기준과 그 밖의 요건을 갖추어 관할 세무서장의 면허를 받아야 한다.

② 다음 각 호의 어느 하나에 해당하는 자가 대통령령으로 정하는 바에 따라 관할 세무서장에게 주류 판매에 관한 신고를 한 경우에는 제1항에 따른 주류 판매업의 면허(이하 "주류 판매업면허"라 한다)를 받은 것으로 본다.

1. 「식품위생법」에 따른 영업허가를 받은 장소에서 주류 판매업을 하는 자

2. 주류 판매를 주된 업종으로 하지 아니하는 자로서 대통령령으로 정하는 자

③ 주류 판매업면허를 받은 자에 관하여는 제3조제6항을 준용한다.

제6조(주류 제조 및 판매업 면허의 조건) ① 관할 세무서장은 주류·밑술 또는 술덧의 제조면허나 주류 판매업면허(이하 "면허등"이라 한다)를 할 때 주세 보전을 위하여 필요하다고 인정되면 면허 기한, 제조 범위 또는 판매 범위, 제조 또는 판매를 할 때의 준수사항 등을 조건으로 정할 수 있다.

② 관할 세무서장은 제1항에 따른 조건을 정하는 경우에는 그 이유를 구체적으로 명시하여야 하고, 주세 보전을 위하여 해당 조건이 존속할 필요가 없다고 인정하는 경우에는 이를 철회하여야 한다.

제7조(면허등의 제한) 관할 세무서장은 제3조부터 제5조까지 및 제9조에 따른 면허 신청 또는 법인전환 신고가 있는 경우 다음 각 호의 어느 하나에 해당하면 면허등을 하지 아니하거나 신고를 수리하지 아니할 수 있다. 〈개정 2024. 2. 13.〉

1. 면허 신청인이 제13조, 제14조 및 제14조의2에 따라 면허가 취소된 후 2년이 지나지 아니한 경우

1의2. 면허 신청인이 제13조, 제14조 및 제14조의2에 따라 면허가 취소된 자(이하 이 호에서 "종전 면허자"라 한다)와 면허 신청 당시 「국세기본법」 제2조제20호에 따른 특수관계인(이하 이 호에서 "특수관계인"이라 한다)에 해당하는 자로서 종전 면허자의 면허가 취소된 후 2년이 지나기 전에 같은 장소에서 같은 면허를 신청하는 경우. 이 경우 법인인 종전 면허자가 이미 해산한 경우에는 해산 당시 특수관계인에 해당하는 자를 면허 신청 당시 특수관계인으로 본다.

2. 면허 신청인 또는 제9조에 따라 전환되는 법인(이하 "전환법인"이라 한다)의 신고인이 미성년자, 피한정후견인 또는 피성년후견인인 경우로서 그 법정대리인이 제1호 또는 제7호부터 제10호까지의 어느 하나에 해당하는 경우

3. 면허 신청법인 또는 전환법인의 경우 대통령령으로 정하는 임원 중에 제1호 또는 제7호부터 제10호까지의 어느 하나에 해당하는 사람이 있는 경우

4. 면허 신청인 또는 전환법인 신고인이 제1호 또는 제7호부터 제10호까지의 어느 하나에 해당하는 사람을 제조장 또는 판매장의 지배인으로 하려는 경우

5. 면허 신청인 또는 전환법인 신고인이 국내에 주소 또는 거소(居所)를 두지 아니한 경우 그 대리인 또는 지배인이 제1호 또는 제7호부터 제10호까지의 어느 하나에 해당하는 경우

6. 면허 신청인 또는 전환법인 신고인이 신청 또는 신고 당시 국세 또는 지방세를 체납한 경우

7. 면허 신청인이 국세 또는 지방세를 100만원 이상 포탈(逋脫)하여 처벌 또는 처분을 받은 후 5년이 지나지 아니한 경우

8. 면허 신청인이 「조세범 처벌법」 제10조제3항 또는 제4항에 따라 처벌을 받은 후 5년이 지나지 아니한 경우

9. 면허 신청인이 다음 각 목의 어느 하나의 법률을 위반하여 금고 이상의 실형을 선고받고 그 집행이 끝나거나(집행이 끝난 것으로 보는 경우를 포함한다) 집행이 면제된 날부터 5년이 지나지 아니한 경우

가. 「조세범 처벌법」

나. 「국민건강증진법」 제31조의2제1호

다. 「전통주 등의 산업진흥에 관한 법률」

라. 「식품위생법」

마. 「수입식품안전관리 특별법」

바. 「청소년 보호법」 제56조(같은 법 제30조제2호를 위반한 경우에 한정한다), 제58조제3호 · 제6호 및 제59조제1호 · 제2호 · 제6

호 · 제7호 · 제7호의2 · 제7호의3

10. 면허 신청인이 제9호 각 목의 어느 하나의 법률을 위반하여 금고 이상의 형의 집행유예를 선고받고 그 유예기간 중에 있는 경우

11. 국세청장이 세수 보전, 주류의 유통 · 판매 관리 등에 부적당하다고 인정하여 지정 · 고시하는 장소에 면허 신청인이 정당한 이유 없이 판매장을 설치하려는 경우

12. 면허 신청인이 파산선고를 받고 복권되지 아니한 경우

13. 국세청장이 인구, 주류 소비량 및 판매장의 수 등을 고려하여 주류의 수급(需給) 균형을 현저히 해칠 우려가 있다고 인정하여 지정 · 고시한 지역에 면허 신청인이 판매장을 설치하려는 경우

제8조(제조장 및 판매장의 이전) ① 면허등을 받은 자가 그 제조장 또는 판매장을 이전하려는 경우에는 대통령령으로 정하는 바에 따라 전입지 관할 세무서장에게 신고하여야 한다. 다만, 대통령령으로 정하는 주류 판매업면허를 받은 자가 판매장을 이전하려는 장소가 제7조제11호 또는 제13호에 해당하는 장소인 경우에는 전입지 관할 세무서장의 허가를 받아야 한다. 〈개정 2022. 1. 6.〉

② 관할 세무서장은 제1항 본문에 따른 신고를 받은 경우 해당 신고가 제3조제1항, 제4조 및 제5조제1항에 따른 시설기준에 적합하지 아니하면 신고를 수리하여서는 아니 된다. 〈신설 2022. 1. 6.〉

③ 관할 세무서장은 제1항 본문에 따른 신고를 받은 날부터 15일 이내에 신고수리 여부를 신고인에게 통지하여야 한다. 〈신설 2022.

1. 6.〉

④ 관할 세무서장이 제3항에서 정한 기간 내에 신고수리 여부 또는 민원 처리 관련 법령에 따른 처리기간의 연장을 신고인에게 통지하지 아니하면 그 기간(민원 처리 관련 법령에 따라 처리기간이 연장 또는 재연장된 경우에는 해당 처리기간을 말한다)이 끝난 날의 다음 날에 신고를 수리한 것으로 본다. 〈신설 2022. 1. 6.〉

제2절 면허등 승계, 상속 등

제9조(법인 전환에 따른 면허등의 승계) 면허등을 받은 자가 그 사업에 관한 모든 권리와 의무를 포괄적으로 승계시켜 법인으로 전환하는 경우에는 제3조제1항, 제4조 및 제5조제1항에서 정한 시설기준과 그 밖의 요건을 갖추어 관할 세무서장에게 면허등의 승계를 신고하여야 한다. 이 경우 제7조에 따른 면허등의 제한에 해당하지 아니한 경우에는 해당 법인이 면허등을 받은 것으로 본다.

제10조(면허등의 상속) ① 주류·밑술 또는 술덧의 제조 또는 주류판매업을 상속한 자는 지체 없이 그 사실을 관할 세무서장에게 신고하여야 한다.

② 제1항에 따라 신고한 상속인이 제7조제1호·제2호 및 제5호부터 제10호까지의 어느 하나에 해당하지 아니하는 경우에는 그 제조 또는 판매업의 면허를 받은 것으로 본다. 이 경우 제7조제6호 중 "면허 신청인 또는 전환법인 신고인이 신청 또는 신고 당시"는 "면허 신고인이 신고 당시"로 본다.

제3절 주류 제조·반출 및 판매 정지

제11조(주류의 제조 또는 반출의 정지) ① 관할 세무서장은 주류 제조면허를 받은 자가 다음 각 호의 어느 하나에 해당하는 경우에는 3개월 이내의 기간(제10호 또는 제12호에 해당하는 경우에는 그 원인이 제거될 때까지의 기간)을 정하여 주류의 제조 또는 반출의 정지처분을 하여야 한다. 〈개정 2022. 1. 6.〉

1. 제3조제8항 전단을 위반하여 자신이 받은 주류 제조면허에 따라 제조할 수 있는 주류가 아닌 주류의 제조를 위탁하였거나 위탁받은 경우
2. 제3조제8항 후단을 위반하여 주류의 제조를 제3자에게 다시 위탁하는 경우
3. 제3조제9항에 따른 신고를 하지 아니한 경우
4. 「주세법」 제6조(제3항은 제외한다)에 따른 주류의 규격을 위반하여 주류를 제조한 경우
5. 「주세법」 제6조제3항을 위반하여 주류를 제조한 경우
6. 제8조제1항 본문에 따른 신고를 하지 않거나 거짓 신고를 하고 주류 제조장을 이전한 경우
7. 제21조에 따른 지정 사항을 위반한 경우
8. 제25조에 따른 장부 기록의무를 고의로 위반한 경우(제16조제1항에 따른 직매장의 장부 기록의무를 고의로 위반한 경우를 포함한다)
9. 「조세범 처벌법」 제12조제1호부터 제3호까지의 어느 하나에 해당한 경우

10. 「주세법」 제21조에 따라 관할 세무서장이 명한 담보의 제공이나 납세보증주류의 보존을 하지 아니한 경우

11. 주세를 포탈한 경우

12. 주세 체납이 발생한 날부터 3개월을 초과한 경우

13. 「부가가치세법」 제5조제1항에 따른 과세기간별로 「조세범 처벌법」 제10조제1항부터 제3항까지에 따른 세금계산서 발급의무 등을 위반한 금액이 총주류매출금액(총주류매입금액이 총주류매출금액보다 큰 경우에는 총주류매입금액을 말한다)의 1천분의 5 이상 1천분의 50 미만인 경우

② 관할 세무서장은 제1항에 따라 주류의 제조 또는 반출의 정지처분을 한 경우 반제품이 있을 때에는 대통령령으로 정하는 바에 따라 주류의 제조나 그 밖에 필요한 행위를 계속하게 할 수 있다. 이 경우 주세를 다 낼 때까지 그 주류의 제조에 관하여는 이 법을 적용한다.

제12조(주류 판매 정지) 관할 세무서장은 주류 판매업면허를 받은 자가 다음 각 호의 어느 하나에 해당하는 경우에는 3개월 이내의 기간을 정하여 판매 정지처분을 하여야 한다.

1. 제8조제1항 본문에 따른 신고를 하지 아니하거나 거짓 신고를 하고 판매장을 이전한 경우

2. 제22조에 따른 납세증명표지가 없는 주류를 판매하거나 보유한 경우

3. 제25조에 따른 장부 기록의무를 고의로 위반한 경우

4. 「부가가치세법」 제5조제1항에 따른 과세기간별로 「조세범 처

벌법」 제10조제1항부터 제3항까지에 따른 세금계산서 발급의무 등을 위반한 금액이 총주류매출금액(총주류매입금액이 총주류매출금액보다 큰 경우에는 총주류매입금액을 말한다)의 1천분의 10 이상 1천분의 100 미만인 경우

[전문개정 2024. 2. 13.]

제4절 주류 제조면허 및 주류 판매업면허의 취소 등

제13조(주류 제조면허의 취소) ① 관할 세무서장은 주류 제조면허를 받은 자가 다음 각 호의 어느 하나에 해당하는 경우에는 그 주류 제조장에 대한 모든 주류 제조면허(제3호, 제4호 또는 제11호에 해당하는 경우에는 해당 주류의 주류 제조면허로 한정한다)를 취소하여야 한다. 〈개정 2024. 2. 13.〉

1. 부정한 방법으로 주류 제조면허를 받은 경우

2. 주류 제조자가 허가받은 직매장 중 하나 이상의 직매장에서 「부가가치세법」 제5조제1항에 따른 과세기간별로 「조세범 처벌법」 제10조제1항부터 제3항까지에 따른 세금계산서 발급의무 등을 위반한 금액이 그 주류 제조자가 허가받은 모든 직매장의 총주류매출금액(총주류매입금액이 총주류매출금액보다 큰 경우에는 총주류매입금액을 말한다)의 1천분의 50 이상인 경우

3. 제3조제1항에 따른 면허 요건을 갖추지 못하게 된 경우. 다만, 시설기준에 미달한 경우에는 같은 조 제6항에 따른 보완 명령을 받고 이를 이행하지 아니한 경우로 한정한다.

4. 제6조에 따른 면허등의 조건을 위반한 경우

5. 제7조제2호부터 제4호까지 또는 제7호부터 제10호까지의 어느 하나에 해당하게 된 경우

6. 제11조제1항에 따라 주류의 제조 정지처분 또는 반출 정지처분을 받은 자가 그 기간에 다시 같은 조 제1항을 위반한 경우

7. 제22조에 따른 납세증명표지를 위조·변조 또는 파손해서 사용하거나 위조·변조 또는 파손된 납세증명표지를 가지고 있는 경우

8. 「부가가치세법」 제5조제1항에 따른 과세기간별로 「조세범 처벌법」 제10조제1항부터 제3항까지에 따른 세금계산서 발급의무 등을 위반한 금액이 총주류매출금액(총주류매입금액이 총주류매출금액보다 큰 경우에는 총주류매입금액을 말한다)의 1천분의 50 이상인 경우

9. 「조세범 처벌법」 제10조제4항에 따른 범칙행위를 한 경우

10. 다음 각 목의 구분에 따른 주 가. 탁주: 500만원 이상

나. 탁주·맥주를 제외한 발효주류 및 기타 주류: 500만원 이상

류에 대한 주세를 포탈한 경우

다. 주정 및 증류주류: 1천만원 이상

라. 맥주: 2천만원 이상

11. 2주조연도(酒造年度) 이상 계속하여 주류를 제조하지 아니한 경우

12. 1주조연도 중 3회 이상 주세를 포탈한 경우

13. 같은 주류 제조장에서 제조면허를 받은 주류가 아닌 주류를 제조한 경우

14. 주류 제조면허를 타인에게 양도 또는 대여한 경우

15. 타인과 동업 경영을 한 경우

16. 주류 제조면허를 받은 자가 부재자인 경우로서 공증인의 공증에 의하여 주류의 제조에 관한 모든 권한을 위임받은 대리인 또는 지배인을 선임하지 아니하고 국내에 거주하지 아니하게 되었거나 실종된 경우

17. 주류 제조면허를 받은 자가 부재자이면서 미성년자, 피한정후견인, 피성년후견인인 경우로서 「상법」 제8조에 따른 법정대리인이 없는 경우

18. 「전통주 등의 산업진흥에 관한 법률」 제8조제1항에 따른 제조면허 추천을 받아 주류 제조면허를 받은 자가 같은 조 제5항에 따른 추천요건을 위반한 경우

② 제1항에 따라 주류 제조면허를 취소한 경우에는 제11조제2항을 준용한다.

제14조(밑술 또는 술덧의 제조면허의 취소 등) 밑술 또는 술덧의 제조면허를 받은 자에 관하여는 제11조 및 제13조를 준용한다.

제14조의2(주류 판매업면허의 취소) ① 관할 세무서장은 주류 판매업면허를 받은 자가 다음 각 호의 어느 하나에 해당하는 경우에는 그 면허를 취소하여야 한다.

1. 부정한 방법으로 주류 판매업면허를 받은 경우

2. 제5조제1항에 따른 면허 요건을 갖추지 못하게 된 경우. 다만, 시설기준에 미달된 경우에는 같은 조 제3항에 따른 보완 명령을 받고도 이를 이행하지 아니한 경우로 한정한다.

3. 제6조에 따른 면허등의 조건을 위반한 경우

4. 제8조제1항 단서에 따른 허가를 받지 아니하거나 부정한 방법

으로 허가를 받고 판매장을 이전한 경우

5. 「부가가치세법」 제5조제1항에 따른 과세기간별로 「조세범 처벌법」 제10조제1항부터 제3항까지에 따른 세금계산서 발급의무 등을 위반한 금액이 총주류매출금액(총주류매입금액이 총주류매출금액보다 큰 경우에는 총주류매입금액을 말한다)의 1천분의 100 이상인 경우

6. 「조세범 처벌법」 제10조제4항에 따른 범칙행위를 한 경우

7. 2주조연도 이상 계속하여 주류를 판매하지 아니한 경우

8. 주류를 가공하거나 조작한 경우. 다만, 「식품위생법」 제36조제1항제3호에 따른 식품접객업 중 음주행위가 허용되는 영업을 하는 장소에서 소비자의 요구에 따라 주류를 술잔 등 빈 용기에 나누어 담아 판매하는 경우 등 대통령령으로 정하는 단순한 가공이나 조작을 하는 경우는 제외한다.

9. 주류 제조면허 없이 제조한 주류나 주세를 면제받은 주류를 판매 또는 보유한 경우

10. 주류 판매업면허를 타인에게 양도 또는 대여한 경우. 다만, 제9조에 따라 법인으로 전환한 경우에는 양도로 보지 아니한다.

11. 타인과 동업 경영을 한 경우

② 관할 세무서장은 제1항에 따라 주류 판매업면허를 취소한 경우 재고품이 있을 때에는 대통령령으로 정하는 바에 따라 판매나 그 밖에 필요한 행위를 계속하게 할 수 있다.

[본조신설 2024. 2. 13.]

제15조(면허등의 취소 및 중단 신청) ① 주류 제조면허를 받은 자가

그 제조를 그만두려는 경우에는 관할 세무서장에게 면허의 취소를 신청하여야 한다.

② 밑술 또는 술덧의 제조면허나 주류 판매업면허를 받은 자가 그 제조 또는 판매를 그만둔 경우에는 이를 관할 세무서장에게 신고하여야 한다.

③ 면허등을 받은 자가 그 제조 또는 판매를 잠시 중단하려는 경우에는 이를 관할 세무서장에게 신고하여야 한다.

④ 제2항에도 불구하고 제5조제2항에 따라 주류 판매업면허를 받은 것으로 보는 자가 「부가가치세법」 제8조제7항에 따른 폐업신고를 한 경우에는 제2항에 따른 신고를 한 것으로 본다.

제16조(직매장 설치 허가 및 취소 등) ① 주류 제조면허를 받은 자는 주류의 원거리 공급을 원활하게 하기 위하여 관할 세무서장의 허가를 받아 직매장(주류의 제조자가 자기의 사업과 관련하여 제조 또는 취득한 주류를 직접 판매하기 위하여 판매시설을 갖춘 장소를 말한다)을 설치할 수 있다.

② 제1항에 따른 직매장은 대통령령으로 정하는 시설기준에 적합하여야 한다.

③ 직매장에 관하여는 제6조부터 제8조까지, 제12조, 제14조의2 및 제15조제2항 · 제3항을 준용한다. 이 경우 제12조제4호 중 "1천분의 100 미만"은 "1천분의 50 미만"으로 보고, 제14조의2제1항제5호 중 "1천분의 100 이상"은 "1천분의 50 이상"으로 본다. 〈개정 2024. 2. 13.〉

제3장 주세의 보전

제17조(주세 보전명령) ① 국세청장은 주세 보전을 위하여 필요하다고 인정되면 대통령령으로 정하는 바에 따라 다음 각 호의 사항에 관한 명령을 할 수 있다. 〈개정 2022. 1. 6.〉

1. 주류의 용도 분류 및 그 분류의 표시에 관한 사항
2. 주류 운반용 차량의 표시에 관한 사항
3. 주류ㆍ밑술 또는 술덧의 제조원료 및 주류 품질 관리 등에 관한 사항
4. 주류ㆍ밑술 또는 술덧 제조시설 및 설비의 변동신고에 관한 사항
5. 주류ㆍ밑술 또는 술덧의 제조ㆍ저장ㆍ판매 설비의 사용 등에 관한 사항
6. 그 밖에 제1호부터 제5호까지에서 규정한 사항에 준하는 사항으로서 주류ㆍ밑술 또는 술덧의 제조, 저장, 양도, 양수, 이동, 설비 또는 반출 수량 등에 관한 사항

② 제1항의 명령을 하는 경우에는 그 목적 달성에 필요한 최소한의 범위에서 하여야 하고, 주류ㆍ밑술 또는 술덧의 제조자나 주류 판매업자에 대하여 합리적인 이유 없이 차별하거나 부당하게 이익을 침해하여서는 아니 된다.

③ 국세청장은 제1항에 따른 사무의 일부를 관할 지방국세청장 또는 관할 세무서장에게 위임할 수 있다. 〈신설 2022. 1. 6.〉

제18조(주류 가격 등에 관한 신고) ① 주류 제조자는 탁주 및 맥주를 제외한 주류에 대하여 그 가격을 변경하거나 신규로 제조하여

반출한 경우 대통령령으로 정하는 바에 따라 그 가격을 국세청장에게 신고하여야 한다. 〈개정 2022. 1. 6.〉

② 주류 제조자(위탁 제조하는 경우에는 주류 제조 위탁자를 말한다) 및 제5조제1항에 따라 주류를 수입하는 업의 면허를 받은 자는 상표를 사용하거나 변경하려는 경우에는 사용개시 2일 전까지 대통령령으로 정하는 바에 따라 관할 세무서장에게 신고하여야 한다. 다만, 외국으로 반출하는 주류의 상표를 단순 변경하는 경우 또는 수입주류를 「관세법」에 따라 수입하는 경우에는 그러하지 아니하다. 〈신설 2022. 1. 6.〉

[제목개정 2022. 1. 6.]

제19조(밑술 등의 처분 또는 반출의 승인) ① 밑술 또는 술덧은 대통령령으로 정하는 바에 따라 관할 세무서장의 승인을 받은 경우에만 처분하거나 주류 제조장에서 반출할 수 있다

② 제1항에 따라 관할 세무서장의 승인을 받은 경우 해당 밑술 또는 술덧을 탁주로 보아 그 제조자로부터 주세를 지체 없이 징수한다. 다만, 관할 세무서장의 승인을 받아 주류로서 마시지 못하게 조치한 경우에는 그러하지 아니하다.

제20조(주정 구입 등의 제한) 주정은 대통령령으로 정하는 바에 따르지 아니하고는 구입·사용 또는 보유하거나 제조장에서 반출할 수 없다.

제21조(주류 제조 원료의 종류 등의 지정) 국세청장은 다음 각 호에 해당하는 경우 대통령령으로 정하는 바에 따라 주류 제조면허를 받은 자의 주류 제조에 필요한 원료의 종류와 수량을 지정할 수 있다.

1. 농림축산식품부장관이 양곡의 수급 조절을 위하여 필요하다고 인정하여 요구하는 경우

2. 주류의 품질 관리 또는 주류의 수급 조절을 위하여 필요하다고 인정되는 경우

제22조(납세증명표지) ① 국세청장은 주세 보전을 위하여 필요하다고 인정되면 대통령령으로 정하는 바에 따라 반출하는 주류의 용기에 「주세법」 제10조 및 제13조에 따른 납세 또는 「주세법」 제20조에 따른 면세 사실을 증명하는 표지(이하 "납세증명표지"라 한다)를 하게 할 수 있다.

② 국세청장은 납세증명표지의 규격, 사용방법 및 절차 등에 관하여 제조자에게 필요한 명령을 할 수 있다.

제23조(주류 보유의 제한) ① 납세증명표지가 없는 주류, 면허 없이 제조한 주류 또는 「주세법」 제20조에 따라 면세받은 주류는 판매의 목적으로 가질 수 없다.

② 주류 판매업면허를 받은 자가 제1항에 따른 주류를 가지고 있는 경우에는 이를 판매의 목적으로 가지고 있는 것으로 본다.

제24조(제조·판매 등의 신고) 주류·밑술 또는 술덧의 제조자나 주류 판매업자는 대통령령으로 정하는 바에 따라 제조·저장 또는 판매에 관한 사항을 관할 세무서장에게 신고하여야 한다.

제25조(장부 기록의무) 주류·밑술 또는 술덧의 제조자나 주류 판매업자는 대통령령으로 정하는 바에 따라 제조·저장 또는 판매에 관한 사항을 장부에 기록하여야 한다.

제26조(영업정지 등의 요구) ① 관할 세무서장은 「식품위생법」에 따

른 영업허가를 받은 장소에서 주류 판매업을 하는 자가 납세증명표지가 없는 주류, 면허 없이 제조한 주류 또는 「주세법」 제20조에 따른 면세받은 주류를 가지고 있거나 판매한 경우에는 해당 주무관청에 그 영업의 정지 또는 허가취소를 요구할 수 있다.

② 제1항에 따른 요구를 받은 해당 주무관청은 특별한 사유가 없으면 영업의 정지 또는 허가취소를 하여야 한다.

제4장 주류의 검정 및 검사와 승인

제27조(주류의 검정) 관할 세무서장은 주류 제조면허를 받은 자가 주류를 제조한 경우에는 대통령령으로 정하는 바에 따라 그 수량과 알코올분을 검정한다.

제28조(기기 등의 검정) 주류·밑술 또는 술덧의 제조자나 주류 판매업자는 대통령령으로 정하는 바에 따라 제조·저장 또는 판매에 사용하는 기계, 기구와 용기의 검정을 받아야 한다.

제29조(검사와 승인) 주류·밑술 또는 술덧의 제조자나 주류 판매업자는 대통령령으로 정하는 바에 따라 제조·저장 또는 판매에 관한 사항에 대하여 관할 세무서장의 검사 또는 승인을 받아야 한다.

제5장 보칙

제30조(국세기본법의 적용) ① 이 법에 특별한 규정이 있는 경우를 제외하고 「국세기본법」 제2조, 제4조, 제5조, 제5조의2, 제6조, 제8조부터 제12조까지, 제18조, 제18조의2, 제19조, 제20조, 제76조, 제81조의16, 제81조의17, 제84조, 제85조의4, 제85조의6 및 제86

조부터 제90조까지의 규정을 준용한다. 〈개정 2022. 1. 6.〉

② 이 법에 따른 처분으로서 위법 또는 부당한 처분을 받거나 필요한 처분을 받지 못함으로 인하여 권리나 이익을 침해당한 자는 「국세기본법」 제7장의 규정에 따라 그 처분의 취소 또는 변경을 청구하거나 필요한 처분을 청구할 수 있다.

제31조(주류 제조 위탁 관련 적용) 제3조제8항에 따라 위탁 제조하는 주류와 관련하여 제3장을 적용할 때에는 다음과 같이 한다.

1. 제17조에서 "수량"은 주류 제조 수탁자의 제조장에서 반출한 수량으로 한다.

2. 제18조에서 "가격"은 주류 제조 위탁자가 제3자에게 판매하는 가격으로 한다.

3. 제18조 또는 제19조에서 "주류 제조자" 또는 "제조자"는 주류 제조 위탁자로 한다.

4. 제19조 또는 제20조에서 "주류 제조장" 또는 "제조장"은 주류 제조 수탁자가 해당 주류의 제조를 위탁받아 제조하는 제조장으로 한다.

제32조(세무공무원의 질문·검사 및 처분) ① 세무공무원은 주류·밑술 또는 술덧의 제조자나 주류 판매업자에게 질문을 하거나 다음 각 호의 물건에 대하여 검사를 하는 등 단속을 위하여 필요한 처분을 할 수 있다.

1. 주류·밑술 또는 술덧의 제조자가 보유하는 주류·밑술 또는 술덧이나 주류 판매업자가 보유하는 주류

2. 주류·밑술 또는 술덧의 제조·저장 또는 판매에 관한 모든 관

련 장부나 그 밖의 서류

3. 주류·밑술 또는 술덧의 제조·저장 또는 판매를 위하여 필요한 건축물, 기계, 기구, 용기, 원료나 그 밖의 물건

② 세무공무원은 운반 중인 주류, 밑술 또는 술덧을 검사하거나 그 출처 또는 도착지를 질문할 수 있다.

③ 세무공무원은 제1항 또는 제2항에 따라 질문, 검사 등 단속을 위하여 필요한 처분을 하는 경우 직무상 필요한 범위 외에 다른 목적 등을 위하여 그 권한을 남용해서는 아니 된다.

제33조(견본 제출 요구) 세무공무원은 필요하다고 인정하면 주류·밑술 또는 술덧의 제조자나 주류 판매업자가 가지고 있는 주류·밑술 또는 술덧의 견본을 제출하게 할 수 있다.

제34조(몰취) ① 관할 지방국세청장 또는 관할 세무서장은 다음 각 호의 어느 하나에 해당하는 것으로서 제조자나 판매자가 소지하는 물품을 몰취(沒取)할 수 있다. 〈개정 2022. 1. 6.〉

1. 제3조 및 제4조에 따른 면허를 받지 아니하고 제조한 물품
2. 제1호에 따른 물품의 제조에 사용된 기계, 기구 또는 용기
3. 제22조에 따른 납세증명표지를 하지 아니한 물품

② 관할 지방국세청장 또는 관할 세무서장은 제1항에 따라 몰취한 물품, 기계, 기구 및 용기를 「국세징수법」의 압류재산 매각에 관한 규정을 준용하여 매각한다. 다만, 유통기한 임박 등 부득이한 사유가 있는 경우에는 몰취한 물품 등을 폐기할 수 있다. 〈신설 2022. 1. 6.〉

제35조(면허등의 수수료) ① 다음 각 호의 어느 하나에 해당하는 면

허를 신청하는 자는 기획재정부령으로 정하는 바에 따라 수수료를 납부하여야 한다.

1. 제3조제1항에 따른 주류 제조면허

2. 제4조에 따른 밑술 또는 술덧의 제조면허

3. 제5조제1항에 따른 주류 판매업면허

② 제1항에 따른 수수료는 수입인지 또는 「전자정부법」 제14조에 따른 정보통신망을 이용한 전자화폐·전자결제 등의 방법으로 낼 수 있다.

제36조(청문) 국세청장 또는 관할 세무서장은 다음 각 호의 어느 하나에 해당하는 처분을 하려면 청문을 하여야 한다. 〈개정 2024. 2. 13.〉

1. 제11조에 따른 주류의 제조 또는 반출의 정지

2. 제12조에 따른 주류 판매 정지

3. 제13조에 따른 주류 제조면허의 취소

4. 제14조에 따른 밑술·술덧의 제조 또는 반출의 정지 및 밑술·술덧 제조면허의 취소

4의2. 제14조의2에 따른 주류 판매업면허의 취소

5. 제16조에 따른 직매장 설치 허가의 취소

제37조(주류업단체) ① 주류 제조면허를 받은 자 또는 주류 판매업면허를 받은 자는 주세 보전에 협력하고 상호 복리를 증진하기 위하여 주류업단체를 설립할 수 있다.

② 제1항에 따른 주류업단체는 법인으로 하며, 그 설립과 운영에 필요한 사항은 대통령령으로 정한다.

③ 주류업단체에 관하여 이 법에 규정된 사항을 제외하고는 「민법」 중 사단법인에 관한 규정을 준용한다.

제37조의2(주류 거래질서 확립을 위한 금품 제공 등의 금지) 건전한 주류 거래질서를 확립하기 위하여 주류 제조면허를 받은 자와 대통령령으로 정하는 주류 판매업면허를 받은 자는 다음 각 호의 경우를 제외하고는 주류의 거래와 관련하여 금품을 제공하거나 그 밖에 이와 유사한 행위로서 대통령령으로 정하는 행위를 하여서는 아니 된다.

1. 대통령령으로 정하는 일정 금액 이하의 소규모 경품 등을 판매 홍보 등의 목적으로 제공하는 경우
2. 주류의 품질유지를 위하여 제공하는 내구소비재로서 주류보관을 위한 냉장진열장 등 대통령령으로 정하는 물품을 제공하는 경우
3. 상호, 로고 또는 상품명이 표시되어 제공자가 명확히 확인되며, 주류 판매에 직접 사용되는 소모품을 국세청장이 정하는 자에게 제공하는 경우

[본조신설 2022. 1. 6.]

제6장 벌칙

제38조(과태료) ① 다음 각 호의 어느 하나에 해당하는 자에게는 2천만원 이하의 과태료를 부과한다. 〈개정 2022. 1. 6., 2024. 2. 13.〉

1. 다음 각 목의 어느 하나에 해당하는 명령을 위반한 자
   가. 제17조에 따른 주세 보전명령
   나. 제22조에 따른 납세증명표지에 관한 명령

2. 다음 각 목의 어느 하나에 해당하는 주류를 판매의 목적으로 소지하거나 판매한 자

가. 제3조에 따른 면허를 받지 아니하고 제조한 주류

나. 제22조에 따른 납세증명표지가 붙어 있지 아니한 주류

3. 제28조에 따른 검정을 받지 아니한 기계, 기구 또는 용기를 사용한 자

4. 제37조의2에 따른 금품 제공 등의 금지 의무를 위반한 자

② 제1항에 따른 과태료는 대통령령으로 정하는 바에 따라 관할 세무서장이 부과·징수한다. 〈신설 2022. 1. 6.〉

부칙 〈제17761호, 2020. 12. 29.〉

제1조(시행일) 이 법은 2021년 1월 1일부터 시행한다.

제2조(일반적 경과조치) 이 법 시행 전에 종전의 규정에 따라 부여하였거나 부여하여야 할 제조, 판매 면허에 대해서는 종전의 규정에 따른다.

제3조(주류제조관리사 면허 취득자에 대한 경과조치) 이 법 시행 전에 주류제조관리사 면허를 취득한 자에 대해서는 종전의 「주세법」(법률 제16847호로 개정되기 전의 것을 말한다) 제19조 및 제54조 제4호의 개정규정에도 불구하고 종전의 규정에 따른다.

제4조(금치산자 등의 면허의 제한에 관한 경과조치) 이 법 시행 전 금치산자 또는 한정치산의 선고를 받은 자는 종전의 「주세법」(법률 제14051호로 개정되기 전의 것을 말한다) 제10조제2호의 개정규정에도 불구하고 법률 제14051호 주세법 일부개정법률 시행 당시 이

미 금치산 또는 한정치산의 선고를 받은 자에 대하여 법률 제10429호 민법 일부개정법률 부칙 제2조에 따라 그 선고의 효력이 유지되는 경우에는 같은 법으로 개정되기 전의 규정을 적용한다.

제5조(주류 제조면허에 관한 경과조치) 종전의 「주세법」(법률 제11718호로 개정되기 전의 것을 말한다) 시행 당시 종전의 규정에 따라 주류 제조면허를 받은 자는 이 법에 따른 주류의 종류 중 해당 주류의 제조면허를 받은 것으로 본다.

제6조(직매장에 관한 경과조치) 종전의 「주세법」(법률 제11718호로 개정되기 전의 것을 말한다) 시행 당시의 직매장은 제16조제1항의 개정규정에 따라 허가를 받은 것으로 본다.

제7조(주류업단체에 관한 경과조치) 종전의 「주세법」(법률 제11718호로 개정되기 전의 것을 말한다) 시행 당시 종전의 규정에 따라 설립된 주류업단체는 제37조의 개정규정에 따라 설립된 것으로 본다.

제8조(출고된 것으로 보는 주류에 관한 경과조치) 종전의 「주세법」(법률 제6055호로 개정되기 전의 것을 말한다) 시행 전에 종전의 제22조의 규정에 따라 동일한 제조장 안에서 다른 주류의 제조원료로 사용된 주류에 대해서는 같은 법으로 개정되기 전의 규정에 따른다.

제9조(과태료에 관한 경과조치) 이 법 시행 전의 행위에 대한 과태료의 적용은 종전의 「주세법」(법률 제17762호로 개정되기 전의 것을 말한다) 제56조에 따른다.

제10조(다른 법률의 개정) ① 관광진흥법 일부를 다음과 같이 개정한다.

제18조제1항제3호 중 “「주세법」 제8조”를 “「주류 면허 등에 관한 법률」 제5조”로 한다.

② 국민건강증진법 일부를 다음과 같이 개정한다.

제8조제4항 중 “「주세법」”을 “「주류 면허 등에 관한 법률」”로 한다.

③ 규제자유특구 및 지역특화발전특구에 관한 규제특례법 일부를 다음과 같이 개정한다.

제50조의 제목 “(「주세법」에 관한 특례)”를 “(「주류 면허 등에 관한 법률」에 관한 특례)”로 하고, 같은 조 제1항 중 “「주세법」 제6조”를 “「주류 면허 등에 관한 법률」 제3조”로 한다.

④ 보건범죄 단속에 관한 특별조치법 일부를 다음과 같이 개정한다.

제10조 중 “「주세법」 제6조”를 “「주류 면허 등에 관한 법률」 제3조”로 한다.

⑤ 식품안전기본법 일부를 다음과 같이 개정한다.

제2조제5호 중 “「주세법」”을 “「주세법」, 「주류 면허 등에 관한 법률」”로 한다.

⑥ 식품위생법 일부를 다음과 같이 개정한다.

제77조제1항 각 호 외의 부분 본문 중 “「주세법」”을 “「주류 면허 등에 관한 법률」”로 한다.

⑦ 양곡관리법 일부를 다음과 같이 개정한다.

제19조제4항 중 “「주세법」”을 “「주류 면허 등에 관한 법률」”로 한다.

⑧ 유통산업발전법 일부를 다음과 같이 개정한다.

제9조제1항제12호 중 “「주세법」 제8조의2”를 “「주류 면허 등에

관한 법률」 제9조”로 한다.

⑨ 전통주 등의 산업진흥에 관한 법률 일부를 다음과 같이 개정한다.

제2조제2호가목부터 다목까지 및 같은 조 제5호가목 중 “「주세법」 제6조”를 각각 “「주류 면허 등에 관한 법률」 제3조”로 한다.

제8조제3항 후단 중 “「주세법」”을 “「주세법」과 「주류 면허 등에 관한 법률」”로 한다.

⑩ 조세범처벌법 일부를 다음과 같이 개정한다.

제6조 전단 중 “「주세법」”을 “「주류 면허 등에 관한 법률」”로 한다.

제12조제1호 중 “「주세법」 제44조”를 “「주류 면허 등에 관한 법률」 제22조”로 한다.

⑪ 청소년 보호법 일부를 다음과 같이 개정한다.

제28조제5항제1호 중 “「주세법」”을 “「주류 면허 등에 관한 법률」”로 한다.

제11조(다른 법령과의 관계) 이 법 시행 당시 다른 법령에서 종전의 「주세법」의 규정을 인용한 경우에 이 법 가운데 그에 해당하는 규정이 있으면 종전의 규정을 갈음하여 이 법의 해당 규정을 인용한 것으로 본다.

부칙 〈제18723호, 2022. 1. 6.〉

제1조(시행일) 이 법은 공포한 날부터 시행한다.

제2조(몰취한 물품 등의 매각·폐기에 관한 적용례) 제34조제2항의 개정규정은 이 법 시행 전에 몰취된 물품 등에 대해서도 적용한다.

부칙 〈제20249호, 2024. 2. 13.〉

제1조(시행일) 이 법은 공포한 날부터 시행한다.

제2조(면허등의 제한에 관한 적용례) 제7조제1호의2의 개정규정은 이 법 시행 이후 제3조부터 제5조까지에 따른 면허를 신청하는 경우부터 적용한다.

제3조(주류 제조면허의 취소에 관한 경과조치) 이 법 시행 전의 주세 포탈로 인한 주류 제조면허의 취소에 관하여는 제13조제1항제10호의 개정규정에도 불구하고 종전의 규정에 따른다.

주류 면허 등에 관한 법률 시행령
(약칭 : 주류면허법 시행령)

[시행 2025. 7. 1.] [대통령령 제35364호, 2025. 2. 28., 일부개정]

**개정 예정 법률 밑줄 별도 표시.

주류 면허 등에 관한 법률 시행령

(약칭 : 주류면허법 시행령)

[시행 2025. 7. 1.] [대통령령 제35364호, 2025. 2. 28., 일부개정]

제1장 총칙

제1조(목적) 이 영은 「주류 면허 등에 관한 법률」에서 위임된 사항과 그 시행에 필요한 사항을 규정함을 목적으로 한다.

제2장 주류의 제조 및 판매 등

제2조(주류 제조의 면허) ① 「주류 면허 등에 관한 법률」(이하 "법"이라 한다) 제3조제1항에 따라 주류 제조의 면허를 받으려는 자는 다음 각 호의 사항을 적은 신청서에 기획재정부령으로 정하는 서류를 첨부하여 주류 제조장 관할 세무서장에게 제출해야 한다.

1. 신청인의 인적사항
2. 주류 제조장의 위치
3. 제조할 주류의 종류 및 규격
4. 제조방법
5. 매 주조연도의 제조 예정수량

6. 시험 또는 시음행사를 하거나 기획재정부령으로 정하는 축제 또는 경연대회에 사용하기 위하여 주류를 제조하려는 경우에는 그 사유, 제조 기간 및 제조 예정 수량

② 제1항에 따라 주류 제조의 면허신청을 받은 관할 세무서장은 제3조제1항 및 별표 1에 따른 제조시설을 갖출 것을 조건으로 하여 면허를 할 수 있다.

③ 제2항에 따라 면허를 받은 자는 면허를 받은 날부터 1년[별표 1 제4호에 따른 소규모주류제조자(이하 "소규모주류제조자"라 한다) 면허를 받은 경우에는 6개월로 한다] 이내에 제조시설의 공사에 착수하여 면허를 받은 날부터 3년(소규모주류제조자 면허를 받은 경우에는 1년으로 한다) 이내에 완공해야 한다. 다만, 관할 세무서장은 부득이한 사유가 있다고 인정하는 경우에는 1년(소규모주류제조자 면허를 받은 경우에는 6개월로 한다)의 범위에서 그 기간을 연장할 수 있다.

④ 제2항에 따라 면허를 받은 자는 제조시설의 공사에 착수한 때와 이를 완공한 때에는 지체 없이 관할 세무서장에게 신고해야 한다.

⑤ 제2항에 따라 면허를 받은 자가 제3항에 따른 기간 내에 제조시설의 공사에 착수하지 않거나 이를 완공하지 않은 경우에는 그 면허는 효력을 잃는다.

⑥ 관할 세무서장은 시험 또는 시음행사를 하거나 기획재정부령으로 정하는 축제 또는 경연대회에 사용하기 위하여 주류를 제조하려는 자에 대해서는 제3조제1항 및 별표 1에 따른 제조시설을 갖추지 못한 경우에도 면허를 할 수 있다.

⑦ 관할 세무서장은 제6항에 따라 면허를 하는 경우에는 제조의 기간 및 수량을 지정해야 하며, 면허를 받은 자의 신청을 받아 국세청장이 정하는 기간의 범위에서 제조 기간을 연장할 수 있다.

제3조(주류 제조시설의 기준) ① 법 제3조제1항에 따른 주류 제조장의 시설기준은 별표 1과 같다.

② 하나의 주류 제조장에서 두 종류 이상의 주류를 제조할 수 있도록 면허를 받은 자나 연접된 장소에 위치한 주류 제조장에서 각각 다른 종류의 주류를 제조하도록 면허를 받은 자가 주류 제조장에 주류 제조시설 세척 전문설비를 갖춘 경우에는 주류의 종류별로 제조시설을 따로 설치하지 않고 하나의 시설을 공동으로 이용할 수 있다.

③ 관할 세무서장은 법 제3조제1항에 따라 주류 제조의 면허를 받은 제조장의 시설이 제1항에 따른 시설기준에 미달하게 된 경우에는 법 제3조제6항에 따라 보완할 사항 및 기간을 정하여 해당 시설의 보완을 명할 수 있다.

제4조(용기주입제조장의 허가) ① 법 제3조제1항에 따라 주류 제조의 면허를 받은 자(이하 "주류제조자"라 한다)가 같은 조 제3항에 따라 용기주입제조장 설치의 허가를 받으려는 경우에는 제2조제1항 제1호부터 제5호까지의 사항을 적은 신청서에 기획재정부령으로 정하는 서류를 첨부하여 관할 세무서장에게 제출해야 한다.

② 법 제3조제3항에 따른 용기주입제조장의 설치허가에 관하여는 제2조제2항부터 제5항까지의 규정을 준용한다.

제5조(공동면허) ① 법 제3조제4항에 따른 공동면허를 받을 수 있는

자는 탁주 또는 약주의 제조자로 한정한다.

② 관할 세무서장은 법 제3조제5항에 따라 공동면허를 취소하려는 경우에는 취소 예정일 60일 전에 해당 공동면허를 받은 자에게 통지해야 한다.

③ 제2항에 따라 통지를 받은 법 제3조제4항에 따른 공동면허를 받은 자는 같은 조 제5항에 따라 종전의 주류 제조면허를 받으려면 그 통지를 받은 날부터 30일 이내에 관할 세무서장에게 신청해야 한다.

제6조(주류 제조 위탁 신고) ① 주류 제조 위탁자는 법 제3조제8항에 따라 주류의 제조를 위탁하는 경우 다음 각 호의 사항을 적은 신고서에 기획재정부령으로 정하는 서류를 첨부하여 주류의 위탁 제조가 개시된 날이 속하는 분기의 다음 달 25일까지 관할 세무서장에게 제출해야 한다.

1. 주류 제조 위탁자의 인적사항
2. 주류 제조 수탁자의 인적사항
3. 위탁 제조하는 주류 제조장의 위치
4. 위탁 제조할 주류의 종류 및 규격
5. 제조방법
6. 위탁 제조 기간 및 위탁 제조 주류의 수량

② 주류 제조 위탁자는 제1항에 따른 신고서 등을 제출한 이후 주류의 위탁 제조와 관련하여 다음 각 호의 어느 하나에 해당하는 사항이 변경된 경우 해당 사항을 적은 변경신고서에 기획재정부령으로 정하는 서류를 첨부하여 그 변경된 날이 속하는 분기의 다음 달

25일까지 관할 세무서장에게 제출해야 한다.

1. 주류 제조 수탁자
2. 위탁 제조하는 주류 제조장
3. 위탁 제조할 주류의 종류
4. 위탁 제조 기간 및 위탁 제조 주류의 수량
5. 그 밖에 주류의 위탁 제조에 관한 사항으로서 기획재정부령으로 정하는 사항

제7조(밑술 또는 술덧의 제조면허) ① 법 제4조에 따라 밑술 또는 술덧의 제조면허를 받으려는 자는 그 제조할 종류별로 다음 각 호의 사항을 적은 신청서에 기획재정부령으로 정하는 서류를 첨부하여 제조장 관할 세무서장에게 제출해야 한다.

1. 신청인의 인적사항
2. 제조장의 위치
3. 제조방법
4. 제조의 목적

② 법 제4조에 따른 밑술 또는 술덧의 제조장의 시설기준은 별표 2와 같다.

③ 제1항 및 제2항에서 규정한 사항 외에 밑술 또는 술덧의 제조면허에 관하여는 제2조제2항부터 제5항까지의 규정(제3항 중 소규모주류제조자에 관한 부분은 제외한다)을 준용한다. 이 경우 "별표 1"은 "별표 2"로 본다.

제8조(주류 판매업의 면허) ① 법 제5조제1항에 따라 주류 판매업의 면허를 받으려는 자는 별표 3의 요건을 갖춰야 한다.

② 법 제5조제1항에 따른 주류 판매업의 종류는 다음 각 호와 같다. 〈개정 2022. 2. 15., 2023. 2. 28.〉

1. 종합주류도매업: 주류제조자 또는 제4호에 따른 주류수입업의 면허를 받은 자(이하 "주류수입업자"라 한다)로부터 주류(주정은 제외한다)를 구입하여 도매하는 업

2. 특정주류도매업: 다음 각 목의 어느 하나에 해당하는 주류를 주류제조자로부터 구입하여 도매하는 업(이 호에 따른 면허를 받은 자로부터 나목의 주류를 구입하여 도매하는 경우를 포함한다)

가. 발효주류 중 탁주·약주 및 청주

나. 전통주

다. 소규모주류제조자가 제조한 맥주

라. 「주세법 시행령」 제4조제2호에 따라 주류 수량을 산정하는 중소기업이 제조한 맥주

마. 「주세법」 별표 제2호가목에 따른 주류의 발효·제성(製成: 조제하여 만듦) 과정에 같은 법 시행령 별표 1 제2호가목1)의 첨가재료 외의 재료를 첨가한 기타 주류

3. 주정도매업: 주류제조자 또는 주류수입업자로부터 주정을 구입하여 도매하는 업

4. 주류수출입업: 주류를 수출하거나 수입하는 업

5. 주류중개업: 주류의 수출입을 중개하거나 국내에서 주류의 매매를 중개하는 업

6. 주류소매업: 주류제조자, 주류수입업자, 제1호에 따른 종합주류도매업의 면허를 받은 자, 제2호에 따른 특정주류도매업의 면허를

받은 자 또는 제5호에 따른 주류중개업의 면허를 받은 자로부터 주류(주정은 제외한다)를 구입하여 주류소비자에게 판매하는 업

7. 주정소매업: 주류제조자, 주류수입업자 또는 제3호에 따른 주정도매업의 면허를 받은 자(이하 "주정도매업자"라 한다)로부터 주정을 구입하여 제28조제1항제1호 단서에 따라 실수요자 증명을 받거나 주정 구입에 대한 승인을 받은 자에게 판매하는 업(시약용 알코올을 제조·판매하는 업을 포함한다)

③ 법 제5조제1항에 따라 주류 판매업의 면허를 받으려는 자는 제2항에 따른 주류 판매업의 종류별로 다음 각 호의 사항을 적은 신청서에 기획재정부령으로 정하는 서류를 첨부하여 판매장 관할 세무서장에게 제출해야 한다.

1. 신청인의 인적사항

2. 판매장의 위치

3. 창고면적(별표 3 제1호 및 제2호의 경우와 같은 표 제4호 중 주류를 수입하는 경우로 한정한다)

④ 주류의 판매장을 가지지 않고 주류를 판매하려는 자는 그 사유를 적은 제3항의 신청서에 기획재정부령으로 정하는 서류를 첨부하여 주소지 또는 거소지 관할 세무서장에게 제출해야 한다. 이 경우 제3항제2호의 사항은 적지 않는다.

⑤ 관할 세무서장은 법 제5조제1항에 따라 주류 판매업의 면허를 받은 판매장의 시설이 제1항에 따른 기준에 미달하게 된 경우에는 법 제5조제3항에 따라 보완할 사항 및 기간을 정하여 해당 시설의 보완을 명할 수 있다.

제9조(주류 판매업면허의 의제) ① 법 제5조제2항에 따라 주류 판매에 관한 신고를 하려는 자는 영업허가를 받은 날 또는 영업을 시작한 날부터 30일 이내에 다음 각 호의 사항을 적은 신고서를 판매장 관할 세무서장에게 제출해야 한다. 이 경우 「식품위생법」에 따른 영업허가를 받거나 영업신고를 한 자는 영업허가증 사본 또는 영업신고증 사본을 첨부해야 한다.

1. 신고인의 인적사항
2. 판매장의 위치
3. 영업허가 연월일 또는 영업 시작 연월일

② 관할 세무서장은 제1항의 신고를 받은 경우에는 신고인에게 주류 판매업 신고확인증을 발급해야 한다.

③ 법 제5조제2항에 따라 신고하려는 자가 「부가가치세법 시행령」 제11조에 따른 사업자등록 신청서에 주류 판매 사실을 적어 관할 세무서장에게 제출한 경우에는 제1항에 따른 신고를 한 것으로 보며, 그 사업자등록 신청서에 따라 사업자등록증을 발급받은 경우에는 제2항에 따른 주류 판매업 신고확인증을 발급받은 것으로 본다.

④ 법 제5조제2항에 따라 신고하려는 자의 사업장이 「부가가치세법 시행령」 제11조제2항에 따른 사업자 단위 과세 적용 사업장의 종된 사업장인 경우에는 사업자 단위 과세 적용 사업장의 등록 사실을 종된 사업장의 관할 세무서장에게 신고한 때에 제1항에 따른 신고를 한 것으로 본다.

⑤ 법 제5조제2항제2호에서 “대통령령으로 정하는 자”란 다음 각

호의 자를 말한다.

1. 주류를 주류제조자로부터 직접 구입하지 않는 자로서 다음 각 목의 어느 하나에 해당하는 자. 다만, 제8조제2항제2호 각 목에 따른 주류 및 「주세법」 제8조제1항제4호가목 단서에 따른 주류를 구입하는 경우에는 주류제조자로부터 직접 구입할 수 있다.

가. 백화점, 슈퍼마켓, 편의점 또는 이와 유사한 상점에서 주류를 소매하는 자

나. 「관광진흥법」 제5조제1항 또는 「폐광지역 개발 지원에 관한 특별법」 제11조에 따라 허가받은 카지노업의 사업장에서 무상으로 주류를 제공하는 카지노사업자

다. 외국을 왕래하는 항공기 또는 선박에서 무상으로 주류를 제공하는 항공사업자 또는 선박사업자

2. 「식품위생법」 제37조제4항에 따라 영업신고를 한 일반음식점 영업자

제9조의2(임원의 범위) 법 제7조제3호에서 "대통령령으로 정하는 임원"이란 「법인세법 시행령」 제40조제1항 각 호의 임원을 말한다.

[본조신설 2024. 5. 28.]

제10조(이전신고 또는 이전허가의 신청) ① 주류제조자, 법 제4조에 따라 밑술 또는 술덧의 제조면허를 받은 자(이하 "밑술등제조자"라 한다)나 법 제5조제1항에 따라 주류 판매업의 면허를 받은 자(이하 "주류판매업자"라 한다)가 그 제조장 또는 판매장을 이전하려는 경우에는 법 제8조제1항 본문에 따라 이전의 사유 및 다음 각 호의 구분에 따른 사항을 적은 신고서에 기획재정부령으로 정하는 서류를

첨부하여 이전 예정일 15일 전까지 전입지 관할 세무서장에게 제출해야 한다. 〈개정 2022. 2. 15.〉

1. 주류제조자의 경우: 제2조제1항제1호부터 제5호까지에서 규정하는 사항

2. 밑술등제조자의 경우: 제7조제1항 각 호의 사항

3. 주류판매업자의 경우: 제8조제3항 각 호의 사항

② 삭제 〈2022. 2. 15.〉

③ 법 제8조제1항 단서에서 "대통령령으로 정하는 주류 판매업면허를 받은 자"란 제8조제2항제1호에 따른 종합주류도매업의 면허를 받은 자를 말한다. 〈개정 2022. 2. 15.〉

④ 제3항에 따른 자가 법 제7조제11호 또는 제13호에 해당하는 장소 또는 지역으로 판매장을 이전하려는 경우에는 법 제8조제1항 단서에 따라 이전의 사유 및 제1항제3호에 해당하는 사항을 적은 신청서에 기획재정부령으로 정하는 서류를 첨부하여 이전 예정일 15일 전까지 전입지 관할 세무서장에게 제출해야 한다. 〈개정 2022. 2. 15.〉

⑤ 법 제5조제2항에 따라 주류 판매업의 면허를 받은 것으로 의제된 자가 「부가가치세법 시행령」 제14조제1항제4호에 따라 사업장 이전에 대한 사업자등록 정정신고서를 세무서장에게 제출한 경우에는 제1항에 따른 신고를 한 것으로 보고, 같은 조 제3항에 따라 사업자등록증의 기재사항을 정정하여 재발급받은 경우에는 제1항에 따른 신고를 수리한 것으로 본다. 〈개정 2022. 2. 15.〉

제11조(주류 등의 제조 또는 판매업 상속의 신고) 주류 또는 밑술·

술덧의 제조나 주류 판매업을 상속한 자는 법 제10조제1항에 따라 상속개시일부터 3개월 이내에 관할 세무서장에게 신고해야 한다.

제11조의2(면허등의 상속 제한 및 포기 시의 계속행위) 관할 세무서장은 법 제10조에 따라 주류·밑술 또는 술덧의 제조 또는 주류 판매업을 상속한 자가 법 제7조제1호·제2호 및 제5호부터 제10호까지의 규정에 해당하여 면허를 받을 수 없거나 상속을 포기한 경우에는 상속인의 신청을 받아 3개월의 범위에서 기간을 정하여 제조·반출·판매나 그 밖에 필요한 행위를 계속하게 할 수 있다.

[본조신설 2022. 2. 15.]

제12조(주류 등의 제조 또는 반출 정지 시의 계속행위) ① 관할 세무서장은 법 제11조 또는 제14조에 따라 주류, 밑술 또는 술덧의 제조 정지처분을 한 경우 반제품이 있을 때에는 제조면허를 받은 자[법 제3조제8항에 따라 주류의 제조를 위탁하거나 주류의 제조를 위탁받아 제조하고 있는 경우에는 면허를 받은 자와 주류 제조 위탁 계약을 체결한 상대방(이하 "주류위탁제조계약상대방"이라 한다)을 포함한다. 이하 이 조에서 같다]의 신청을 받아 1개월의 범위에서 기간을 정하여 제조·반출이나 그 밖에 필요한 행위를 계속하게 할 수 있다.

② 관할 세무서장은 법 제11조 또는 제14조에 따라 주류, 밑술 또는 술덧의 반출 정지처분을 한 경우 반제품이 있을 때에는 제조면허를 받은 자의 신청을 받아 1개월의 범위에서 기간을 정하여 해당 반제품의 제조를 계속하게 할 수 있다.

③ 관할 세무서장은 법 제13조 또는 제14조에 따라 주류, 밑술

또는 술덧의 제조면허를 취소한 경우 반제품이 있을 때에는 제조면허를 받은 자의 신청을 받아 3개월의 범위에서 기간을 정하여 제조·반출이나 그 밖에 필요한 행위를 계속하게 할 수 있다.

제12조의2(주류 판매업면허 취소의 예외사유) 법 제14조의2제1항제8호 단서에서 "주류를 술잔 등 빈 용기에 나누어 담아 판매하는 경우 등 대통령령으로 정하는 단순한 가공이나 조작을 하는 경우"란 다음 각 호의 어느 하나에 해당하는 가공이나 조작을 하는 경우를 말한다.

1. 주류를 술잔 등 빈 용기에 나누어 담아 판매하는 경우
2. 주류를 냉각하거나 가열하여 판매하는 경우
3. 주류에 탄산, 과일, 다른 주류 등 해당 주류와 함께 음용하기 위한 재료를 즉석에서 섞어 판매하는 경우
4. 주류(제2호에 따른 가공이나 조작을 한 주류를 포함하되, 제3호에 따른 가공이나 조작을 한 주류는 제외한다)를 상표가 표시되지 않은 빈 용기에 담은 후 해당 영업을 하는 장소 외부로 반출하여 판매하는 경우

[본조신설 2024. 5. 28.]

제13조(주류 판매업면허 취소 시의 계속행위) 관할 세무서장은 법 제14조의2제1항에 따라 주류 판매업면허를 취소한 경우 재고품이 있을 때에는 주류판매업자의 신청을 받아 1개월의 범위에서 기간을 정하여 판매나 그 밖에 필요한 행위를 계속하게 할 수 있다. 〈개정 2024. 5. 28.〉

제14조(주류 제조면허의 취소 신청 등) ① 주류제조자가 그 제조를

그만두려는 경우에는 법 제15조제1항에 따라 면허취소신청서를 폐업 예정일 15일 전까지 관할 세무서장에게 제출해야 한다.

② 밑술등제조자 또는 주류판매업자가 그 제조 또는 판매를 그만둔 경우에는 법 제15조제2항에 따라 그 사유를 적은 신고서를 폐업일부터 15일 이내에 관할 세무서장에게 제출해야 한다.

③ 주류제조자, 밑술등제조자나 주류판매업자가 그 제조 또는 판매를 3개월 이상 중단하려는 경우에는 법 제15조제3항에 따라 그 사유를 적은 신고서를 휴업 예정일 전날까지 관할 세무서장에게 제출해야 한다.

제15조(제조ㆍ반출 정지처분 및 면허 취소 등의 통지) ① 관할 세무서장은 법 제11조 또는 제13조에 따라 주류의 제조ㆍ반출의 정지처분을 하거나 주류 제조면허를 취소한 경우로서 해당 주류제조자가 법 제3조제8항에 따라 주류의 제조를 위탁하거나 주류의 제조를 위탁받아 제조하고 있는 경우에는 주류위탁제조계약상대방에게 그 정지처분을 한 사실이나 면허를 취소한 사실을 통지해야 한다.

② 관할 세무서장은 주류제조자가 법 제15조제1항 또는 제3항에 따라 그 면허의 취소를 신청하거나 제조의 중단을 신고한 경우로서 해당 주류제조자가 법 제3조제8항에 따라 주류의 제조를 위탁하거나 주류의 제조를 위탁받아 제조하고 있는 경우에는 주류위탁제조계약상대방에게 그 취소 신청 또는 제조 중단의 사실을 통지해야 한다.

③ 제1항 및 제2항에 따른 통지를 받은 주류위탁제조계약상대방이 주류 제조 수탁자인 경우에는 관할 세무서장이 지정한 날부터 해당 위탁 제조 주류의 제조 또는 반출을 정지해야 한다.

제16조(직매장의 시설기준등) ① 법 제16조제2항에 따른 직매장의 시설기준은 다음 각 호와 같다.

1. 대지 200제곱미터 이상
2. 창고 100제곱미터 이상

② 제1항에도 불구하고 탁주, 약주 또는 전통주를 제조하는 주류제조자와 청주 또는 맥주를 제조하는 소규모주류제조자의 경우에는 제1항 각 호에 따른 면적에 미치지 못하는 대지 또는 창고를 갖춘 경우에도 직매장을 설치할 수 있다.

제3장 주세의 보전

제17조(주세 보전명령의 범위) 국세청장은 법 제17조제1항에 따라 주세 보전명령을 하려는 경우에는 기획재정부장관과의 협의를 거쳐야 하며, 제18조, 제18조의2 및 제19조부터 제22조까지의 규정에서 정하는 바에 따라야 한다. 〈개정 2022. 2. 15.〉

제18조(용도 구분 등 주류 표시에 관한 사항) ① 주류제조자 또는 주류수입업자는 주류의 용도를 가정용ㆍ면세용 등으로 분류하고, 용기에 주류의 용도, 용량, 제조장소와 알코올 도수 등을 표시해야 한다.

② 제1항에 따른 주류의 용도 분류 및 그 분류 등의 표시에 관하여 필요한 세부사항은 국세청장이 정하여 고시한다.

[전문개정 2022. 2. 15.]

제18조의2(주류의 반출ㆍ판매에 관한 명령) 국세청장은 주류제조자 또는 법 제5조제1항에 따른 주류 판매업면허를 받은 자에게 제18조

제1항에 따라 분류된 주류를 용도별로 구분하여 반출·판매할 수 있도록 필요한 명령을 할 수 있다.

[본조신설 2022. 2. 15.]

제19조(주류 운반방법 등) ① 주류제조자, 주류수입업자, 제8조제2항제1호 또는 제5호에 따른 판매업의 면허를 받은 종합주류도매업자 또는 주류중개업자는 주류(주정은 제외한다. 이하 이 항에서 같다)를 판매하는 경우 소유차량 또는 임차차량(주류 운반을 위탁받은 운수사업자가 운행하는 차량을 포함한다)에 국세청장이 정하는 바에 따라 주류 운반용 차량임을 표시하여 운반해야 한다. 다만, 다음 각 호의 어느 하나에 해당하는 경우에는 표시를 하지 않을 수 있다. 〈개정 2022. 2. 15.〉

1. 수출용 주류를 컨테이너로 운반하는 경우

2. 주류제조자·주류수입업자가 「화물자동차 운수사업법」에 따라 허가받은 화물자동차 운송사업자나 화물자동차 운송가맹사업자를 통하여 운반하는 경우

3. 그 밖에 국세청장이 필요하다고 인정하여 고시하는 경우

② 주류제조자, 주류수입업자, 주정도매업자 또는 같은 항 제7호에 따른 주정소매업의 면허를 받은 자(이하 "주정소매업자"라 한다)는 주정을 판매하는 경우 국세청장이 정하여 고시하는 특수차량 또는 특수용기를 이용하여 운반해야 한다. 〈신설 2022. 2. 15., 2023. 2. 28.〉

③ 제1항 및 제2항에서 규정한 사항 외에 주류 운반 차량의 종류, 운반 및 인도 장소, 운반 방법·시설 및 장비 등 주류 운반에

필요한 세부사항은 국세청장이 정하여 고시한다. 〈신설 2022. 2. 15.〉

제20조(원료·품질 등에 관한 명령) 국세청장은 주류제조자 또는 밑술등제조자나 주류판매업자에 대하여 주류 또는 밑술·술덧을 제조·저장·양도·양수 또는 이동할 때 원료·품질·수량·시기·방법·상대방과 그 밖의 사항에 관하여 필요한 명령을 할 수 있다.

제21조(제조 및 판매 시설·설비 등의 변동신고) ① 주류제조자 또는 밑술등제조자는 제조시설 및 설비(제조장의 건물 또는 대지를 포함한다)를 신설·확장 또는 개량하는 경우에는 그 사실을 신설·확장 또는 개량한 날부터 20일 이내에 관할 세무서장에게 신고해야 한다. 〈개정 2022. 2. 15.〉

② 주정도매업자는 주정을 저장하거나 판매 시설 및 설비(판매장의 건물 및 대지를 포함한다)를 신설·확장 또는 개량하는 경우에는 그 사실을 저장·신설·확장 또는 개량한 날부터 20일 이내에 관할 세무서장에게 신고해야 한다. 〈신설 2022. 2. 15.〉

[제목개정 2022. 2. 15.]

제22조(설비의 사용 등에 관한 명령) 국세청장은 주류 생산량의 측정, 제조·운반 및 제조설비 등의 합리적인 관리를 위하여 주류제조자 또는 밑술등제조자나 주류판매업자의 제조설비·저장설비 또는 판매설비의 사용·양도·양수·임대·출자 또는 이동에 관하여 필요한 명령을 할 수 있다.

제23조(주류 가격에 관한 신고) 법 제18조제1항에 따라 주류 가격을 신고하려는 자는 주류 가격의 변경일(신규로 제조한 주류의 경우

에는 그 주류의 반출일을 말한다)이 속하는 분기의 다음 달 25일까지 기획재정부령으로 정하는 신고서를 국세청장에게 제출해야 한다. 〈개정 2022. 2. 15.〉

제24조(주류 상표의 사용 또는 변경에 관한 신고) 주류제조자(위탁제조하는 경우에는 주류 제조 위탁자를 말한다) 및 주류수입업자는 법 제18조제2항에 따라 주류 상표를 사용하거나 변경하려는 경우에는 기획재정부령으로 정하는 신고서를 작성하여 관할 세무서장에게 신고해야 한다.

[전문개정 2022. 2. 15.]

제25조(밑술 등의 처분 또는 반출의 승인) 밑술등제조자 또는 주류제조자는 법 제19조제1항에 따라 다음 각 호의 어느 하나에 해당하는 경우에는 관할 세무서장의 승인을 받아 밑술 또는 술덧을 처분하거나 제조장에서 반출할 수 있다.

1. 밑술등제조자가 제7조제1항제4호에 따른 제조의 목적으로 사용하는 경우
2. 제조면허가 취소된 경우
3. 부패·변질 등으로 제조를 계속하지 못하는 상태에 이른 경우
4. 그 밖에 관할 세무서장이 필요하다고 인정하는 경우

제26조(밑술 등의 처분 또는 반출의 승인 제외) 주류제조자는 다음 각 호의 어느 하나에 해당하는 경우에는 법 제19조제1항에 따른 승인을 받지 않고 밑술 또는 술덧을 처분하거나 제조장에서 반출할 수 있다.

1. 자기 제조장에서 주류 제조에 사용하는 경우

2. 같은 주류장에서 제조업을 승계하는 자의 주류 제조에 사용하기 위하여 양도하는 경우

제27조(주정 구입 등의 제한) 법 제20조에 따라 주정은 제28조 또는 「주세법 시행령」 제14조·제16조·제20조·제22조·제23조에 따르지 않고는 구입·사용 또는 보유하거나 제조장에서 반출할 수 없다.

제28조(원료용 주류 및 주정의 구입과 반출) ① 주류 제조의 원료용 주류 및 주정의 구입과 반출에 관하여는 다음 각 호의 절차에 따라야 한다. 〈개정 2022. 2. 15.〉

1. 주류 제조 원료용 주류 및 주정을 구입하려는 자는 구입 예정일 전에 그 사실을 반입 장소 관할 세무서장에게 신고할 것. 다만, 주정소매업자로부터 주정(시약용 알코올 제조를 위한 주정은 제외한다)을 구입하려는 자는 구입 예정일 전에 관할 세무서장으로부터 실수요자 증명을 받거나 주정 구입에 대한 승인을 받아야 한다.

2. 주류 제조 원료용 주류 및 주정을 반출한 자는 그 반출 사실을 반출한 달의 다음 달 10일까지 관할 세무서장에게 신고할 것

② 제8조제2항제3호에 따른 주정도매업 또는 같은 항 제7호에 따른 주정소매업의 면허를 받지 않은 자에게는 주정을 반출할 수 없다. 다만, 국세청장은 법 제17조에 따라 주세 보전을 위하여 필요하다고 인정하는 경우에는 주류제조자에게 직접 반출하게 할 수 있다.

③ 주정도매업자 및 주정소매업자는 주정을 구입하거나 판매장에서 주정을 반출하는 경우에는 다음 각 호의 구분에 따른 날까지 관할 세무서장에게 그 사실을 신고해야 한다. 〈개정 2022. 2. 15.〉

1. 주정을 구입한 경우: 입고한 달의 다음달 10일

2. 판매장에서 주정을 반출하는 경우: 반출한 달의 다음달 10일

④ 주정도매업자는 구입한 주정을 주류제조자 또는 주정소매업자에게만 판매할 수 있다. 〈신설 2022. 2. 15.〉

제29조(주류 제조 원료의 배정 및 신고) ① 국세청장은 법 제21조에 따라 주류 제조에 필요한 원료의 종류와 수량을 지정한 경우에는 관할 세무서장으로 하여금 지정된 주류 제조 원료를 주류제조자에게 배정하게 할 수 있다.

② 제1항에 따라 관할 세무서장이 주류 제조 원료를 배정할 때에는 주류의 수급(需給) 사정, 제조장 분포 상황, 제조능력 등을 고려하여 국세청장이 관할 세무서별로 정하는 주류 제조 원료의 종류와 수량의 범위에서 각 주류제조자의 주류 제조 예정 수량, 전년도 제조실적 등을 기준으로 하여 배정한다.

③ 주류제조자가 주류 제조장에 제2항에 따라 배정받은 주류 제조 원료를 반입한 경우에는 그 반입에 따른 매 분기분의 계산서·송장 또는 반입 사실을 증명하는 서류를 주류 제조 원료를 반입한 날이 속하는 분기의 다음 달 25일까지 「주세법 시행령」 제8조에 따른 신고서와 함께 관할 세무서장에게 제출해야 한다.

④ 법 제21조에 따라 지정을 받아 구입한 주류 제조 원료의 부패·손상 또는 그 밖에 부득이한 사유로 그 용도를 변경하려는 자는 그 사유·종류 및 수량과 용도를 적은 신청서를 관할 세무서장에게 제출하여 그 승인을 받아야 한다.

제30조(납세증명표지) ① 국세청장은 주세 보전을 위하여 필요하다

고 인정하는 경우에는 기획재정부령으로 정하는 주류에 대하여 법 제22조제1항에 따라 「주세법」 제10조 및 제13조에 따른 납부 또는 같은 법 제20조에 따른 면세 사실을 증명하는 표지(이하 "납세증명표지"라 한다)로서 납부 또는 면세 사실을 증명하는 증지(이하 "납세증지"라 한다)를 그 용기에 붙이도록 할 수 있다. 이 경우 주류제조자가 납부 또는 면세 사실을 증명하는 병마개(이하 "납세병마개"라 한다) 또는 증표(이하 "납세증표"라 한다)를 사용하는 경우에는 납세증지를 붙인 것으로 본다.

② 제1항에도 불구하고 주류제조자가 주류의 반출을 객관적으로 확인할 수 있는 자동계수기(自動計數器)를 설치한 경우에는 관할 지방국세청장의 승인을 받아 납세증지를 붙이지 않을 수 있다.

③ 주류제조자가 제1항 후단에 따라 납세병마개 또는 납세증표를 사용하려는 경우에는 그 납세병마개 또는 납세증표를 사용한 주류의 반출 예정일 1일 전까지 사용신고서를 관할 세무서장에게 제출해야 한다. 위탁 제조하는 경우에는 주류 제조 위탁자가 제출해야 한다. 〈개정 2023. 2. 28.〉

④ 주류제조자가 제2항에 따라 자동계수기를 사용하려는 경우에는 그 사용 예정일 10일 전까지 납세증지 면제 승인신청서를 관할 지방국세청장에게 제출해야 한다. 위탁 제조하는 경우에는 주류 제조 위탁자가 제출해야 한다. 〈개정 2023. 2. 28., 2024. 2. 29.〉

⑤ 제4항에 따라 승인 신청을 받은 관할 지방국세청장은 주류의 반출을 객관적으로 확인할 수 있어 주세 보전에 지장이 없다고 인정되는 경우에는 자동계수기 사용을 승인해야 하며, 승인 신청일부

터 7일 이내에 승인 여부를 신청인에게 통지해야 한다. 〈개정 2024. 2. 29.〉

⑥ 주류제조자는 제5항에 따라 자동계수기 사용 승인을 받아 사용하는 경우에는 기획재정부령으로 정하는 바에 따라 사용 점검 및 기록 등을 해야 한다. 〈신설 2022. 2. 15.〉

⑦ 주류제조자가 제1항에 따라 납세증지를 붙이거나 납세병마개 또는 납세증표를 사용하는 경우에는 납세증지·납세병마개 또는 납세증표의 입고·반출·반품·결감(缺減) 및 폐기 수량을 적은 신고서를 「주세법 시행령」 제8조에 따른 신고서와 함께 제출해야 한다. 위탁 제조하는 경우에는 주류 제조 위탁자가 제출해야 한다. 〈개정 2022. 2. 15., 2023. 2. 28.〉

⑧ 납세병마개는 제10항에 따라 등록한 자가 제조한 것을 사용해야 한다. 〈개정 2022. 2. 15., 2025. 2. 28.〉

⑨ 주류제조자가 납세증명표지의 방법을 변경하려는 경우에는 제3항부터 제5항까지를 준용한다. 〈개정 2022. 2. 15., 2025. 2. 28.〉

⑩ 납세병마개를 제조하려는 자는 국세청장이 주세 보전 및 국민보건을 위하여 필요하다고 인정하여 고시하는 시설기준을 갖추어 국세청장에게 등록해야 한다. 〈개정 2025. 2. 28.〉

⑪ 다음 각 호의 어느 하나에 해당하는 자는 제10항에 따른 등록을 할 수 없다. 〈신설 2025. 2. 28.〉

1. 법 제7조제2호·제6호부터 제10호까지 및 제12호의 어느 하나에 해당하는 자(법인의 경우 대표자 또는 임원 중 법 제7조제2호·제9호·제10호 또는 제12호에 해당하는 사람이 있는 경우를 포함

한다)

2. 제12항에 따라 등록이 취소(법 제7조제2호 또는 제12호에 해당하여 등록이 취소된 경우는 제외한다)된 날부터 2년이 지나지 않은 자

⑫ 국세청장은 제10항에 따라 등록한 자(이하 "납세병마개제조자"라 한다)가 다음 각 호의 어느 하나에 해당하는 경우에는 그 등록을 취소할 수 있다. 다만, 제1호, 제3호 및 제5호의 어느 하나에 해당하는 경우에는 그 등록을 취소해야 한다. 〈신설 2025. 2. 28.〉

1. 거짓이나 그 밖의 부정한 방법으로 등록을 한 경우

2. 제10항에 따른 시설기준을 충족하지 못하게 된 경우

3. 제11항 각 호의 어느 하나에 해당하게 된 경우. 다만, 임원이 법 제7조제2호ㆍ제9호ㆍ제10호 또는 제12호에 해당하게 된 법인의 경우에는 6개월 이내에 해당 임원을 교체한 때에는 그렇지 않다.

4. 법 제22조제2항에 따른 국세청장의 명령을 이행하지 않은 경우

5. 「부가가치세법」 제8조제8항 또는 제9항에 따라 폐업 신고를 하거나 사업자등록이 말소된 경우

⑬ 국세청장은 납세병마개제조자 등록현황을 연 1회 이상 국세청의 인터넷 홈페이지를 통해 정기적으로 공시해야 하며, 제10항에 따라 납세병마개제조자가 신규로 등록되거나 제12항에 따라 납세병마개제조자의 등록이 취소되는 경우에는 지체 없이 그 사실을 국세청의 인터넷 홈페이지에 공시해야 한다. 〈신설 2025. 2. 28.〉

⑭ 납세병마개제조자는 운영난, 그 밖의 부득이한 사유로 제조 또는 출고를 중단하려는 경우에는 3개월 전에 국세청장에게 그 사실

을 통보해야 한다. 〈신설 2022. 2. 15., 2025. 2. 28.〉

⑮ 납세병마개제조자의 등록 및 등록 취소의 절차, 납세증명표지의 모형 · 양식 · 표시사항 · 품질기준과 그 밖에 납세증명표지의 사용 및 관리 등에 필요한 세부사항은 국세청장이 정하여 고시한다. 〈개정 2022. 2. 15., 2025. 2. 28.〉

제31조(변경신고) ① 주류제조자는 제2조제1항제1호의 사항 또는 다음 각 호의 사항이 변경된 경우에는 법 제24조에 따라 즉시 그 사유 및 변경사항을 관할 세무서장에게 신고해야 한다.

1. 제조장 대지의 상황 및 건물의 구조
2. 제조 · 저장 또는 판매에 사용하는 기계 · 기구 및 용기

② 밑술등제조자 또는 주류판매업자는 제7조제1항제1호 · 제4호의 사항, 제8조제3항제1호의 사항 또는 제1항 각 호의 사항이 변경된 경우에는 법 제24조에 따라 즉시 그 사유 및 변경사항을 관할 세무서장에게 신고해야 한다.

제32조(제조자의 장부 기록의무) ① 주류제조자 또는 밑술등제조자는 법 제25조에 따라 다음 각 호의 사항을 장부에 기록해야 한다.

1. 입수한 원료의 종류별 수량 · 입수일, 인도인(引渡人)의 인적사항
2. 입수한 밑술 또는 술덧의 종류별 수량 · 가격 · 입수일, 인도인의 인적사항
3. 사용한 원료의 종류별 수량 및 사용일
4. 사용한 원료용 주류, 밑술 또는 술덧의 종류별 수량 및 사용일
5. 제조한 주류나 밑술 · 술덧의 종류별 수량 및 제성일
6. 주류나 밑술 · 술덧의 제조 중에 생긴 부산물의 종류별 수량 및

제성일

7. 반출한 주류 또는 밑술·술덧이나 제6호의 부산물의 종류별 수량·가격 및 반출일, 수취인의 인적사항

8. 그 밖에 제조·저장 또는 판매에 관하여 관할 세무서장이 지정하는 사항

② 제1항에도 불구하고 주류제조자 또는 밑술등제조자가 소매하는 경우에는 제1항제7호의 수취인의 인적사항을 장부에 기록하지 않아도 된다. 다만, 관할 세무서장이 단속에 필요하다고 인정하여 그 기록을 명한 경우에는 기록해야 한다.

제33조(주류판매업자의 장부 기록의무) ① 주류판매업자는 법 제25조에 따라 다음 각 호의 사항을 장부에 기록해야 한다.

1. 입수한 주류의 종류별 수량·가격·입수일, 인도인의 인적사항

2. 판매한 주류의 종류별 수량·가격·판매일, 매수인의 인적사항

3. 매매를 중개한 주류의 종류별 수량·가격·매매일, 매매 당사자의 인적사항

4. 그 밖에 저장 또는 판매에 관하여 국세청장이 정하여 고시하는 사항

② 주류판매업자가 다음 각 호의 어느 하나에 해당하는 경우에는 제1항제2호의 사항에 대한 기록의무를 이행한 것으로 본다.

1. 「부가가치세법」 제36조제4항에 따라 금전등록기를 설치하여 계산서를 발급하고 해당 감사테이프를 보관한 경우

2. 「여신전문금융업법」에 따른 신용카드가맹점으로 가입하여 신용카드매출전표(직불카드영수증을 포함한다. 이하 이 호에서 같다)를

발급하고 그 신용카드매출전표를 보관한 경우

③ 주류판매업자가 소매하는 경우에는 제1항제2호의 매수인의 인적사항을 기록하지 않아도 된다. 다만, 관할 세무서장이 단속에 필요하다고 인정하여 그 기록을 명한 경우에는 기록해야 한다.

제4장 주류의 검정 및 검사와 승인

제34조(주류의 검정) ① 관할 세무서장은 법 제27조에 따라 주류제조자가 제조한 주류의 수량 및 알코올분(「주세법 시행령」 제2조제2항에 해당하는 주류의 경우에는 최종 제품의 수량 및 알코올분을 말한다)을 검정한다. 다만, 주세 보전에 필요한 경우에는 발효·증류·제성 중인 주류의 수량 또는 알코올분을 검정할 수 있다.

② 주류제조자의 법령 위반 또는 그 밖의 사유로 제성을 완료한 때의 수량 또는 알코올분을 검정하기 어려운 경우에는 남아 있는 주류 또는 증빙물건을 바탕으로 그 수량 또는 알코올분을 검정한다.

③ 제1항 및 제2항에서 규정한 사항 외에 주류의 수량과 알코올분의 검정에 필요한 사항은 국세청장이 정한다.

제35조(기기 등의 검정) ① 주류제조자 또는 밑술등제조자나 주류판매업자는 법 제28조에 따라 제조·저장 또는 판매에 사용하는 기계, 기구와 용기에 대하여 해당 기계 등을 사용하기 전에 관할 세무서장의 검정을 받아야 한다.

② 관할 세무서장이 제1항의 검정을 한 경우에는 기계·기구 및 용기에 번호·용량과 그 밖에 필요한 사항을 표시할 수 있다.

③ 제1항에 따른 기계·기구 및 용기 검정의 구체적인 방법은 국

세청장이 정한다.

제36조(주류 등의 검사·승인) ① 주류 또는 밑술·술덧이 제조장에서 망실(亡失)된 경우에는 주류제조자 또는 밑술등제조자는 법 제29조에 따라 즉시 그 사유를 관할 세무서장에게 신고하고 검사를 받아야 한다.

② 주류제조자가 증류한 주류를 재증류하려는 경우에는 법 제29조에 따라 해당 주류의 알코올분 및 수량에 대하여 관할 세무서장의 검사를 받아야 한다.

③ 주류제조자 또는 밑술등제조자나 주류판매업자는 제1항 및 제2항에서 규정하는 경우 외에 제조·저장 또는 판매에 관하여 관할 세무서장이 법 제6조제1항에 따라 정한 조건의 준수 여부 등에 대하여 관할 세무서장의 검사를 받아야 한다.

④ 주류제조자 또는 주류판매업자가 주류 저장을 위한 주류하치장(「주세법」 제18조제1항제2호에 따른 하치장을 말한다)을 설치하려는 경우에는 법 제29조에 따라 관할 세무서장의 승인을 받아야 한다. 〈개정 2023. 2. 28.〉

제37조(제조방법 등의 승인) ① 주류제조자 또는 밑술등제조자가 제조방법을 변경 또는 추가하려는 경우에는 법 제29조에 따라 변경 또는 추가 예정일 15일 전까지 관할 세무서장에게 승인을 신청해야 한다.

② 제1항에 따른 신청을 받은 관할 세무서장이 그 신청을 받은 날부터 15일 이내에 승인 여부를 통지하지 않은 경우에는 제조자가 신청한 방법에 대한 승인을 한 것으로 본다.

③ 제1항에도 불구하고 「주세법」 제5조, 제6조 및 별표에 따라 주류의 종류별로 허용되는 알코올분의 도수, 첨가재료의 배합비율 및 주류 원료의 사용량에 대하여 같은 법 시행령 별표 1부터 별표 3까지에 규정된 범위에서 국세청장이 정하여 고시하는 경미한 사항을 변경 또는 추가하려는 경우에는 제1항에 따른 승인 신청 기한까지 관할 세무서장에게 그 변경·추가 사항을 신고해야 한다.

④ 주류제조자는 제조장에 있는 주류가 부패 또는 그 밖의 사유로 음용하기 어려운 경우에는 법 제29조에 따라 관할 세무서장의 승인을 받아 이를 주류로서 음용하지 못하게 하거나 원료용 주류로 사용할 수 있다.

제5장 보칙

제38조(세무공무원의 질문 및 검사) 법 제32조에 따라 세무공무원이 질문 또는 검사를 하는 경우에는 그 권한을 표시하는 증표를 관계인에게 내보여야 한다.

제39조(민감정보 및 고유식별정보의 처리) 국세청장, 세무서장 및 세관장은 다음 각 호의 사무를 수행하기 위하여 불가피한 경우 「개인정보 보호법 시행령」 제18조제2호에 따른 범죄경력자료에 해당하는 정보, 같은 영 제19조제1호 또는 제2호에 따른 주민등록번호 또는 여권번호가 포함된 자료를 처리할 수 있다. 〈개정 2025. 2. 28.〉

1. 법 제3조에 따른 주류 제조면허에 관한 사무
2. 법 제4조에 따른 밑술 또는 술덧의 제조면허에 관한 사무
3. 법 제5조에 따른 주류 판매업면허에 관한 사무

4. 제30조제10항 및 제12항에 따른 납세병마개제조자의 등록 및 등록 취소에 관한 사무

[제목개정 2025. 2. 28.]

제40조(주류업단체의 설립 등) ① 법 제37조제1항에 따라 주류업단체를 설립하려는 자는 다음 각 호의 서류를 국세청장에게 제출해야 한다.

1. 창립총회 회의록
2. 정관
3. 회원가입서
4. 사업계획서
5. 임원 명부

② 주류업단체의 조직단위 등 단체의 설립ㆍ운영에 필요한 사항은 국세청장이 정한다.

제41조(주류 거래질서 확립을 위한 금품 제공 등의 금지) ① 법 제37조의2 각 호 외의 부분에서 "대통령령으로 정하는 주류 판매업면허를 받은 자"란 법 제5조제1항에 따른 주류 판매업면허를 받은 자(같은 조 제2항에 따라 주류 판매업면허를 받은 것으로 보는 자를 포함한다)를 말한다. 다만, 법 제37조의2제1호를 적용하는 경우에는 주류수입업자 및 제8조제2항제6호에 따른 주류소매업의 면허를 받은 자(이하 "주류소매업자"라 한다)를 말한다. 〈개정 2024. 2. 29.〉

② 법 제37조의2 각 호 외의 부분에서 "대통령령으로 정하는 행위"란 다음 각 호의 행위를 말한다. 〈개정 2024. 2. 29.〉

1. 주류의 거래와 관련하여 무자료거래 또는 불공정거래를 조장하

거나 유도하기 위하여 장려금, 할인, 외상매출금 또는 수수료 경감 등 그 명칭이나 형식에 관계없이 금품(대여금은 제외한다) 또는 주류를 제공하거나 제공받는 행위

2. 시음주 또는 주류 교환권을 관할 세무서장의 사전승인 없이 무상으로 제공하는 행위

3. 주류 또는 주류 교환권을 경품으로 제공하거나 제공받는 행위

③ 법 제37조의2제1호에 따라 주류제조자, 주류수입업자 또는 주류소매업자가 제공할 수 있는 소규모 경품 등은 주종별 직전년도 매출액(부가가치세 · 주세 · 교육세는 제외한다)에 3퍼센트 이내의 범위에서 국세청장이 주종별로 정하여 고시하는 비율을 곱한 금액으로 한다. 다만, 주종별 직전년도의 매출액이 없거나 직전년도의 사업기간이 12개월 미만인 경우에는 다음 각 호의 구분에 따른 금액을 직전년도 매출액으로 본다. 〈개정 2023. 2. 28.〉

1. 직전년도의 매출액이 없는 경우: 매출이 최초로 발생한 날이 속하는 분기의 매출액을 1년으로 환산한 금액

2. 직전년도의 사업기간이 12개월 미만인 경우(직전년도 매출액이 없는 경우는 제외한다): 매출이 최초로 발생한 날부터 직전년도 말일까지의 매출액을 합한 금액을 12개월로 환산한 금액. 이 경우 1개월 미만의 끝수가 있으면 1개월로 한다.

④ 제3항에 따른 소규모 경품 등의 가액 산정 기준 및 1회에 제공할 수 있는 가액 기준 등 소규모 경품 등의 제공에 필요한 세부사항은 국세청장이 정하여 고시한다.

⑤ 법 제37조의2제2호에서 “주류보관을 위한 냉장진열장 등 대통

령령으로 정하는 물품"이란 다음 각 호의 물품을 말한다.

1. 냉장진열장

2. 생맥주 추출기

3. 그 밖에 주류 판매에 필수적으로 사용되는 물품으로서 국세청장이 정하여 고시하는 물품

[본조신설 2022. 2. 15.]

제42조(주류유통정보체계의 구축 및 운영) ① 국세청장은 주류 유통의 투명한 관리를 위하여 주류유통정보체계를 구축·운영할 수 있다.

② 주류유통정보체계를 통하여 관리할 수 있는 정보는 다음 각 호와 같다.

1. 전자태그(RFID tag)를 활용한 주류의 유통과정에 관한 정보

2. 주류소비자가 주류의 진품 여부를 확인할 수 있는 정보

3. 그 밖에 주류 유통의 투명한 관리를 위하여 필요한 정보

③ 제1항 및 제2항에서 규정한 사항 외에 주류유통정보체계의 운영에 필요한 세부사항은 국세청장이 정하여 고시한다.

[본조신설 2022. 2. 15.]

제6장 벌칙 〈신설 2022. 2. 15.〉

제43조(과태료의 부과기준) 법 제38조제1항에 따른 과태료의 부과기준은 별표 4와 같다.

[본조신설 2022. 2. 15.]

부칙 〈제31450호, 2021. 2. 17.〉

제1조(시행일) 이 영은 공포한 날부터 시행한다.

제2조(제조방법 변경 등의 승인 신청에 관한 경과조치) 이 영 시행 전에 종전의 「주세법 시행령」(대통령령 제31449호로 개정되기 전의 것을 말한다) 제65조제1항 전단에 따라 한 승인 신청(그 승인 기한이 이 영 시행 이후 도래하는 경우만 해당한다)이 제37조제3항에 따른 경미한 사항의 변경 또는 추가에 관한 것인 경우 그 승인 신청은 제37조제3항에 따른 신고로 본다.

제3조(맥주 제조장의 시설기준에 관한 경과조치) ① 2014년 3월 5일 전에 맥주의 주류 제조면허를 신청한 자로서 종전의 「주세법 시행령」(대통령령 제25223호로 개정되기 전의 것을 말한다. 이하 이 조에서 같다) 별표 3 제4호1)나)에 따른 시설을 75킬로리터 이상으로 신청한 자가 갖추어야 하는 시설기준에 관해서는 별표 1 제4호나목1)나)의 시설기준에도 불구하고 종전의 「주세법 시행령」 별표 3 제4호1)나)의 시설기준을 적용한다.

② 제1항에 따라 맥주의 주류 제조면허를 신청하여 그 주류 제조면허를 받은 자는 2014년 3월 5일 이후 종전의 「주세법 시행령」 별표 3 제4호1)나)에 따른 시설의 용량을 늘릴 수 없다.

제4조(소규모맥주제조자에 관한 경과조치) 2016년 2월 5일 전에 종전의 「주세법 시행령」(대통령령 제26952호로 개정되기 전의 것을 말한다) 별표 3 제4호에 따라 소규모맥주제조자 면허를 받은 자는 별표 1 제4호나목에 따른 소규모주류제조자 면허를 받은 자로 본다.

제5조(다른 법령의 개정) ① 국세청과 그 소속기관 직제 일부를 다음과 같이 개정한다.

제13조제2항제7호 중 "「주세법」"을 "「주류 면허 등에 관한 법률」"로 한다.

② 규제자유특구 및 지역특화발전특구에 관한 규제특례법 시행령 일부를 다음과 같이 개정한다.

제32조의 제목 "(「주세법」에 관한 특례)"를 "(「주류 면허 등에 관한 법률」에 관한 특례)"로 하고, 같은 조 제2항 중 "「주세법 시행령」 제5조제1항 및 별표 3 제2호"를 "「주류 면허 등에 관한 법률 시행령」 제3조제1항 및 별표 1 제3호"로 한다.

③ 부가가치세법 시행령 일부를 다음과 같이 개정한다.

제9조제1항 각 호 외의 부분 단서 중 "「주세법 시행령」 제64조제4항"을 "「주류 면허 등에 관한 법률 시행령」 제36조제4항"으로 한다.

④ 양곡관리법 시행령 일부를 다음과 같이 개정한다.

제21조제3항제1호 중 "「주세법」"을 "「주류 면허 등에 관한 법률」"로 한다.

⑤ 지방세기본법 시행령 일부를 다음과 같이 개정한다.

별표 3 제241호의 과세자료의 구체적인 범위란 중 "「주세법」 제6조 및 제8조"를 "「주류 면허 등에 관한 법률」 제3조 및 제5조"로 하고, 같은 표 제242호의 과세자료의 구체적인 범위란 중 "「주세법」 제7조"를 "「주류 면허 등에 관한 법률」 제4조"로 한다.

⑥ 지방세법 시행령 일부를 다음과 같이 개정한다.

별표 1 제1종 제86호 중 "「주세법」 제6조"를 "「주류 면허 등에 관한 법률」 제3조"로, "같은 법 제8조의2"를 "같은 법 제9조"로 하고, 같은 표 제1종 제87호 중 "「주세법」 제7조"를 "「주류 면허 등에 관한 법률」 제4조”로, “같은 법 제8조의2”를 “같은 법 제9조”로 하며, 같은 표 제3종 제164호 본문 중 “「주세법」 제8조”를 “「주류 면허 등에 관한 법률」 제5조”로 하고, 같은 호 단서 중 “같은 법 제8조의2”를 “같은 법 제9조”로 하며, 같은 표 제5종 제18호 중 “「주세법」 제8조”를 “「주류 면허 등에 관한 법률」 제5조”로 한다.

⑦ 청소년 보호법 시행령 일부를 다음과 같이 개정한다.

별표 6 제1호 및 제3호의 구분란 중 “「주세법」”을 각각 “「주류 면허 등에 관한 법률」”로 한다.

⑧ 행정권한의 위임 및 위탁에 관한 규정 일부를 다음과 같이 개정한다.

제19조 본문 중 “「주세법」 제20조 및 같은 법 시행령 제19조”를 “「주류 면허 등에 관한 법률」 제37조 및 같은 법 시행령 제40조”로 한다.

제6조(다른 법령과의 관계) 이 영 시행 당시 다른 법령에서 종전의 「주세법 시행령」 또는 그 규정을 인용하고 있는 경우에 이 영 가운데 그에 해당하는 규정이 있을 때에는 종전의 「주세법 시행령」 또는 그 규정을 갈음하여 이 영 또는 이 영의 해당 규정을 인용한 것으로 본다.

부칙 〈제32415호, 2022. 2. 15.〉

이 영은 공포한 날부터 시행한다.

부칙 〈제33280호, 2023. 2. 28.〉

제1조(시행일) 이 영은 공포한 날부터 시행한다.

제2조(주류중개업 면허의 요건에 관한 적용례) 별표 3 제5호나목1)의 개정규정은 이 영 시행 이후 법 제5조제1항에 따라 주류중개업의 면허를 신청하는 경우부터 적용한다.

부칙 〈제34280호, 2024. 2. 29.〉

제1조(시행일) 이 영은 공포한 날부터 시행한다.

제2조(자동계수기 사용 승인 여부의 통지기간에 관한 경과조치) 이 영 시행 전에 종전의 제30조제4항에 따라 납세증지 면제 승인신청서를 제출한 자에 대한 자동계수기 사용 승인 여부의 통지기간에 관하여는 제30조제5항의 개정규정에도 불구하고 종전의 규정에 따른다.

부칙 〈제34524호, 2024. 5. 28.〉

이 영은 공포한 날부터 시행한다.

부칙 〈제35172호, 2024. 12. 31.〉 (자본금 기준 명확화를 위한 12개 법령의 일부개정에 관한 대통령령)

이 영은 공포한 날부터 시행한다.

부칙 〈제35364호, 2025. 2. 28.〉

제1조(시행일) 이 영은 공포한 날부터 시행한다. 다만, 제30조 및 제39조제4호의 개정규정은 2025년 7월 1일부터 시행한다.

제2조(납세병마개의 제조자에 관한 경과조치) 부칙 제1조 단서에 따른 시행일 당시 종전의 제30조제9항에 따라 납세병마개의 제조자로 지정된 자는 제30조제10항의 개정규정에 따라 등록된 자로 본다.

별표 / 서식

[별표 1] 주류 제조장의 시설기준(제3조제1항 관련)

[별표 2] 밑술 또는 술덧 제조장의 시설기준(제7조제2항 관련)

[별표 3] 주류 판매업면허의 요건(제8조제1항 관련)

[별표 4] 과태료의 부과기준(제43조 관련)

주류 면허 등에 관한 법률 시행규칙

(약칭 : 주류면허법 시행규칙)

[시행 2024. 3. 22.] [기획재정부령 제1050호, 2024. 3. 22., 일부개정]

**개정 예정 법률 밑줄 별도 표시.

주류 면허 등에 관한 법률 시행규칙

(약칭 : 주류면허법 시행규칙)

[시행 2024. 3. 22.] [기획재정부령 제1050호, 2024. 3. 22., 일부개정]

제1조(목적) 이 규칙은 「주류 면허 등에 관한 법률」 및 같은 법 시행령에서 위임된 사항과 그 시행에 필요한 사항을 규정함을 목적으로 한다.

제2조(주류 제조면허 신청서 등의 첨부서류) 「주류 면허 등에 관한 법률 시행령」(이하 "영"이라 한다) 제2조제1항 각 호 외의 부분, 제4조제1항, 제6조제1항 각 호 외의 부분 및 같은 조 제2항 각 호 외의 부분, 제7조제1항 각 호 외의 부분, 제8조제3항 각 호 외의 부분 및 같은 조 제4항 전단, 제10조제1항 각 호 외의 부분 및 같은 조 제4항에서 "기획재정부령으로 정하는 서류"란 별표의 구분에 따른 첨부서류를 말한다.

제3조(축제 또는 경연대회의 범위) 영 제2조제1항제6호 및 같은 조 제6항에서 "기획재정부령으로 정하는 축제 또는 경연대회"란 다음 각 호의 어느 하나에 해당하는 자가 주관하는 축제 또는 경연대회를 말한다.

1. 국가 또는 지방자치단체

2. 「공공기관의 운영에 관한 법률」에 따른 공공기관(「고등교육법」 제2조에 따른 학교는 제외한다)

3. 「지방공기업법」에 따른 지방공기업

4. 「주류 면허 등에 관한 법률」(이하 "법"이라 한다) 제37조에 따른 주류업단체

5. 「전통주 등의 산업진흥에 관한 법률」 제17조에 따른 단체

제4조(주류 제조 위탁 변경신고) 영 제6조제2항제5호에서 "기획재정부령으로 정하는 사항"이란 다음 각 호의 사항을 말한다.

1. 주류 제조 위탁자(합병·분할 또는 분할합병으로 변경되는 경우만 해당한다)

2. 위탁 제조 주류의 제조에 사용하는 원료용 주류를 구입하는 자

제5조(면세주류 판매업자의 준수사항) ① 법 제5조제1항에 따라 주류 판매업면허를 받은 자(이하 "주류판매업자"라 한다)는 「조세특례제한법」 제115조에 따라 주세가 면제되는 주류를 판매한 경우에는 빈병 등의 용기를 회수하여 해당 주류를 반출한 주류 제조자에게 반환해야 한다.

② 주류 판매장 관할 세무서장은 법 제32조제1항에 따라 물건을 검사한 결과 주류판매업자가 제1항에 따른 빈병 등 용기의 회수 및 반환을 소홀히 하여 면세주류의 공급질서를 문란하게 하고 있다고 인정되는 경우에는 해당 주류판매업자의 판매장에 반입되지 않은 주류에 대하여 「주세법 시행령」 제21조제1항에 따른 면세주류 구입승인을 취소하고 반출지 관할 세무서장에게 이를 통보할 수 있다.

제6조(직매장 설치허가 신청) 법 제16조제1항에 따라 직매장 설치허가를 받으려는 자는 별지 제1호서식의 신청서에 영 제16조제1항에 따른 시설기준을 갖추었음을 증명하는 서류를 첨부하여 관할 세무서장에게 제출해야 한다.

제7조(주류 가격 신고) 법 제18조제1항 및 영 제23조에 따라 주류 가격을 신고하려는 자는 별지 제2호서식의 신고서에 제조·판매원가 계산서 및 산출근거를 첨부하여 관할 세무서장에게 제출해야 한다. 〈개정 2022. 3. 18.〉

제8조(주류 제조 원료) 영 제29조에 따른 주류 제조 원료에는 주류 제조 원료용 주류와 주류 제조용 주정이 포함되는 것으로 한다.

제9조(납세증지를 붙이는 주류) 영 제30조제1항 전단에서 "기획재정부령으로 정하는 주류"란 다음 각 호의 주류를 말한다. 다만, 주류 제조 원료로 반출하는 경우와 직전 주조연도의 반출량 등을 고려하여 국세청장이 정하여 고시하는 경우는 제외한다. 〈개정 2022. 3. 18.〉

1. 탁주·약주
2. 청주
3. 맥주
4. 과실주
5. 소주
6. 위스키
7. 브랜디
8. 일반증류주
9. 리큐르

10. 기타 주류

제9조의2(자동계수기의 사용점검) 영 제30조제6항에 따라 자동계수기를 사용하는 자는 별지 제2호의2서식의 기록부에 자동계수기의 사용점검에 관한 사항을 기록해야 한다.

[본조신설 2022. 3. 18.]

제10조(끝수의 처리) 영 제34조에 따라 주류의 수량을 검정하는 경우 용기당 수량에서 리터단위 미만은 계산하지 않는다.

제11조(수수료) 법 제35조제1항에 따라 납부해야 하는 면허 수수료는 다음 각 호의 구분에 따른다.

1. 법 제3조제1항에 따른 주류 제조면허: 5만원
2. 법 제4조에 따른 밑술 또는 술덧의 제조면허: 5만원
3. 법 제5조제1항에 따른 주류 판매업면허: 다음 각 목의 구분에 따른 금액

가. 영 제8조제2항제1호부터 제5호까지에 따른 종합주류도매업·특정주류도매업·주정도매업·주류수출입업 또는 주류중개업: 5만원

나. 영 제8조제2항제6호에 따른 주류소매업: 3만원

다. 영 제8조제2항제7호에 따른 주정소매업: 3만원

제12조(서식) 주류 제조면허 및 판매업면허의 신청 등에 관한 서식은 다음 각 호와 같다. 〈개정 2022. 3. 18.〉

1. 영 제2조제1항 및 제7조제1항에 따른 주류 제조면허 신청서 및 밑술·술덧 제조면허 신청서: 별지 제3호서식
2. 영 제4조제1항에 따른 용기주입제조장 설치허가 신청서: 별지 제4호서식

3. 영 제6조제1항 및 제2항에 따른 주류 제조 위탁 신고서 및 변경신고서: 별지 제5호서식

4. 영 제8조제3항·제4항 및 제9조제1항에 따른 주류 판매업면허 신청서 및 의제 주류 판매업면허 신고서: 별지 제6호서식

5. 영 제10조제1항 및 제4항에 따른 제조장·판매장 이전신고서 및 이전허가 신청서: 별지 제7호서식

5의2. 영 제24조에 따른 주류 상표 사용 및 변경 신고서: 별지 제7호의2서식

6. 영 제30조제4항 및 제5항에 따른 납세증지 면제 승인신청서 및 승인서: 별지 제8호서식

7. 영 제38조에 따른 세무공무원의 권한을 표시하는 증표: 별지 제9호서식

부칙 〈제839호, 2021. 3. 16.〉

제1조(시행일) 이 규칙은 공포한 날부터 시행한다.

제2조(다른 법령의 개정) ① 국세청과 그 소속기관 직제 시행규칙 일부를 다음과 같이 개정한다.

제8조제5항제2호 중 "「주세법」"을 "「주류 면허 등에 관한 법률」"로 한다.

제22조의2제3항제13호 중 "「주세법」"을 "「주류 면허 등에 관한 법률」"로 한다.

제30조제6항제16호 중 "「주세법」"을 "「주류 면허 등에 관한 법률」"로 한다.

② 기획재정부 소관 비상대비자원 관리법 시행규칙 일부를 다음과 같이 개정한다.

별표 제3호의 범위란 나목 중 "「주세법」"을 "「주류 면허 등에 관한 법률」"로 한다.

③ 기획재정부와 그 소속기관 직제 시행규칙 일부를 다음과 같이 개정한다.

제11조제18항제5호 중 "「주세법」"을 "「주세법」 및 「주류 면허 등에 관한 법률」"로 한다.

제3조(다른 법령과의 관계) 이 규칙 시행 당시 다른 법령에서 종전의 「주세법 시행규칙」 또는 그 규정을 인용하고 있는 경우에 이 규칙 가운데 그에 해당하는 규정이 있을 때에는 종전의 「주세법 시행규칙」 또는 그 규정을 갈음하여 이 규칙 또는 이 규칙의 해당 규정을 인용한 것으로 본다.

부칙 〈제908호, 2022. 3. 18.〉

이 규칙은 공포한 날부터 시행한다.

부칙 〈제1050호, 2024. 3. 22.〉

이 규칙은 공포한 날부터 시행한다.

별표 / 서식

[별표] 주류 제조면허 신청 등 관련 첨부서류(제2조 관련)

[별지 제1호서식] 직매장 설치허가 신청서

[별지 제2호서식] 주류 가격 (신규, 변경)신고서

[별지 제2호의2서식] 자동계수기 사용점검 기록부

[별지 제3호서식] (주류, 밑술 또는 술덧)제조면허 신청서

[별지 제4호서식] 용기주입제조장 설치허가 신청서

[별지 제5호서식] 주류 제조 위탁 (신고서, 변경신고서)

[별지 제6호서식] 주류 판매업면허 신청서, 의제 주류 판매업면허 신고서

[별지 제7호서식] (제조장, 판매장) 이전(신고서, 허가 신청서)

[별지 제7호의2서식] 주류 상표 사용 및 변경 신고서

[별지 제8호서식] 납세증지 면제 (승인신청서, 승인서)

[별지 제9호서식] 조사원증

대한민국 법령 시리즈 537

주류 면허 등에 관한 법률

(약칭 : 주류면허법)

법 령 / 시 행 령 / 시 행 규 칙

2025년 7월 14일 인쇄 정가 12,000원
2025년 7월 24일 발행

편 저 편집부
디 자 인 송영미
발 행 인 조준형
발 행 처 해광출판사

http://www.hgbookpub.com
E-mail : munbookcokr@naver.com
주 소 부산광역시 중구 해관로 41-1 (중앙동2가)
전화번호 (051) 253-0001 팩스 (051) 245-1187

등 록 제 2012-000005호

해광출판사에서는 여러분의 소중한 원고와 함께 할 기회를 기다리고 있습니다. 책으로 엮을 원고나 아이디어가 있으신 분들은 이메일 munbookcokr@naver.com로 책에 대한 간단한 개요와 원고 전체 또는 일부를 연락처와 함께 보내주십시오.

ISBN 979-11-6881-853-8

※ 법령 출처 : 법제처 국가법령정보센터
※ 본 도서는 〈공공데이터 제공 및 이용 활성화에 관한 법률〉을 근거로 출판되었습니다.

해광출판사 대한민국 법령 시리즈

001. 선원법
002. 어선법
003. 선박직원법
004. 해사안전기본법
005. 해양환경관리법
006. 선박의 입항 및 출항등에 관한 법률
007. 학교안전사고예방 및 보상에 관한 법률
008. 종합부동산세법
009. 방위사업법
010. 행정규제기본법
011. 식품산업진흥법
012. 위험물안전관리법
013. 화재의 예방 및 안전관리에 관한 법률
014. 도시가스사업법
015. 실내공기질관리법
016. 지방세법
017. 소득세법
018. 법인세법
019. 도선법
020. 선박안전법
021. 선박법
022. 수산업법
023. 고압가스안전관리법
024. 국민연금법
025. 공동주택관리법
026. 화학물질관리법
027. 어선원 및 어선 재해보상보험법
028. 장기등 이식에 관한 법률
029. 자연재해대책법
030. 공유재산 및 물품 관리법
031. 산업입지 및 개발에 관한 법률
032. 부정경쟁방지 및 영업비밀보호에 관한 법률
033. 금융지주회사법
034. 온실가스 배출권의 할당 및 거래에 관한 법률
035. 건축사법
036. 산림문화휴양에 관한 법률
037. 전기사업법
038. 사립학교법
039. 고등교육법
040. 액화석유가스의 안전관리 및 사업법
041. 선박투자회사법
042. 수산자원관리법
043. 위험물선박운송및저장규칙
044. 선박평형수관리법
045. 주택임대차보호법
046. 상가건물임대차보호법
047. 지방공기업법
048. 승강기안전관리법
049. 수목원·정원의 조성 및 진흥에 관한 법률
050. 민법
051. 치료감호 등에 관한 법률
052. 대부업 등의 등록 및 금융이용자 보호에 관한 법률
053. 사료관리법
054. 무형문화재 보전 및 진흥에 관한 법률
055. 총포·도검·화약류 등의 안전관리에 관한 법률
056. 경찰관직무집행법
057. 시설물의 안전 및 유지관리에 관한 특별법
058. 수산생물질병 관리법
059. 소비자기본법
060. 국제선박등록법
061. 정보통신망 이용촉진 및 정보보호 등에 관한 법률
062. 해운법
063. 농수산물 품질관리법
064. 수산업협동조합법
065. 해외건설촉진법
066. 수상레저안전법
067. 공무원재해보상법
068. 수상에서의 수색·구조 등에 관한 법률
069. 어촌어항법
070. 항만법
071. 항만운송사업법
072. 해양경비법
073. 해양사고의 조사 및 심판에 관한 법률
074. 외국인근로자의 고용 등에 관한 법률
075. 중소기업기본법
076. 자유무역지역의 지정 및 운영에 관한 법률
077. 대기환경보전법
078. 소음진동관리법
079. 폐기물관리법
080. 하수도법
081. 물환경보전법
082. 토양환경보전법
083. 환경정책기본법
084. 산업재해보상보험법
085. 관세법
086. 노동조합 및 노동관계조정법
087. 근로기준법
088. 군인연금법
089. 먹는물관리법
090. 기술보증기금법
091. 관광진흥법
092. 감염병의 예방 및 관리에 관한 법률
093. 사법경찰관리의 직무를 수행할 자와 그 직무범위에 관한 법률
094. 수의사법
095. 가정폭력방지 및 피해자보호 등에 관한 법률
096. 환경영향평가법
097. 체육시설의 설치·이용에 관한 법률
098. 장사 등에 관한 법률
099. 상호저축은행법
100. 은행법
101. 보호관찰 등에 관한 법률
102. 형법
103. 자동차관리법
104. 형사소송법
105. 전자금융거래법
106. 마약류 불법거래 방지에 관한 특례법
107. 도로법
108. 주세법
109. 변리사법
110. 하천법
111. 중소기업진흥에 관한 법률
112. 발달장애인 권리보장 및 지원에 관한 법률
113. 주택법
114. 장애인복지법
115. 농어업경영체 육성 및 지원에 관한 법률
116. 공인중개사법
117. 건강기능식품에 관한 법률
118. 예비군법
119. 개발제한구역의 지정 및 관리에 관한 특별조치법
120. 국유재산법
121. 주차장법
122. 환경기술 및 환경산업 지원법
123. 대기관리권역의 대기환경개선에 관한 특별법
124. 악취방지법
125. 미세먼지 저감 및 관리에 관한 특별법
126. 가축분뇨의 관리 및 이용에 관한 법률
127. 물의 재이용 촉진 및 지원에 관한 법률
128. 물관리기본법
129. 물관리기술 발전 및 물산업 진흥에 관한 법률
130. 자원의 절약과 재활용촉진에 관한 법률
131. 전기·전자제품 및 자동차의 자원순환에 관한 법률
132. 건설폐기물의 재활용촉진에 관한 법률
133. 수도권매립지관리공사의 설립 및 운영 등에 관한 법률
134. 폐기물의 국가 간 이동 및 그 처리에 관한 법률
135. 폐기물처리시설 설치촉진 및 주변지역지원 등에 관한 법률
136. 자원순환기본법
137. 잔류성오염물질 관리법
138. 환경분쟁 조정법

해광출판사 대한민국 법령 시리즈

139. 화학물질의 등록 및 평가 등에 관한 법률
140. 환경오염시설의 통합관리에 관한 법률
141. 환경오염피해 배상책임 및 구제에 관한 법률
142. 중소기업제품 구매촉진 및 판로지원에 관한 법률
143. 환경개선비용 부담법
144. 환경분야 시험·검사 등에 관한 법률
145. 환경친화적 산업구조로의 전환촉진에 관한 법률
146. 환경친화적 자동차의 개발 및 보급 촉진에 관한 법률
147. 환경범죄 등의 단속 및 가중처벌에 관한 법률
148. 생명윤리 및 안전에 관한 법률
149. 장애인차별금지 및 권리구제 등에 관한 법률
150. 부동산투자회사법
151. 정치자금법
152. 과학기술기본법
153. 대리점거래의 공정화에 관한 법률
154. 상속세 및 증여세법
155. 학원의 설립 · 운영 및 과외교습에 관한 법률
156. 해양심층수의 개발 및 관리에 관한 법률
157. 전기용품 및 생활용품 안전관리법
158. 사회기반시설에 대한 민간투자법
159. 공직선거법
160. 정당법
161. 유류오염손해배상 보장법
162. 부정청탁 및 금품등 수수의 금지에 관한 법률
163. 항로표지법
164. 어장관리법
165. 민방위기본법
166. 공직자윤리법
167. 선거관리위원회법
168. 유선 및 도선 사업법
169. 전기공사업법
170. 사회복지사업법
171. 택지개발촉진법
172. 국가공무원법
173. 민간임대주택에 관한 특별법
174. 어음법·수표법
175. 민사집행법
176. 상법
177. 문화예술진흥법
178. 중소기업협동조합법
179. 농업협동조합법
180. 도로교통법
181. 의료사고 피해구제 및 의료분쟁 조정 등에 관한 법률
182. 산림보호법
183. 소년법
184. 동물보호법
185. 건축물관리법
186. 도시개발법
187. 화물자동차 운수사업법
188. 도시 및 주거환경정비법
189. 의료법
190. 국회법
191. 응급의료에 관한 법률
192. 출입국관리법
193. 노인복지법
194. 산림자원의 조성 및 관리에 관한 법률
195. 청소년 보호법
196. 초 · 중등교육법
197. 혁신도시 조성 및 발전에 관한 특별법
198. 경제자유구역의 지정 및 운영에 관한 특별법
199. 공공기관의 운영에 관한 법률
200. 대한민국헌법
201. 국민기초생활 보장법
202. 저작권법
203. 가사소송법
204. 국가유공자 등 예우 및 지원에 관한 법률
205. 국민체육진흥법
206. 전통주 등의 산업진흥에 관한 법률
207. 재난 및 안전관리 기본법
208. 정보통신공사업법
209. 주식회사 등의 외부감사에 관한 법률
210. 공익사업을 위한 토지 등의 취득 및 보상에 관한 법률
211. 개인정보 보호법
212. 국세기본법
213. 에너지이용 합리화법
214. 감정평가 및 감정평가사에 관한 법률
215. 국가인권위원회법
216. 가맹사업거래의 공정화에 관한 법률
217. 보건의료기본법
218. 산업안전보건법
219. 법무사법
220. 교육공무원법
221. 특허법
222. 민사소송법
223. 아동복지법
224. 전파법
225. 하도급거래 공정화에 관한 법률
226. 기초연금법
227. 사립학교교직원 연금법
228. 직업안정법
229. 장애아동 복지지원법
230. 부동산등기법
231. 자동차손해배상 보장법
232. 철도안전법
233. 항공안전법
234. 전자상거래 등에서의 소비자보호에 관한 법률
235. 독점규제 및 공정거래에 관한 법률
236. 상표법
237. 채무자 회생 및 파산에 관한 법률
238. 공무원연금법
239. 축산법
240. 근로복지기본법
241. 민원 처리에 관한 법률
242. 약사법
243. 방문판매 등에 관한 법률
244. 건축기본법
245. 지방세기본법
246. 지방세징수법
247. 지방자치법
248. 도시교통정비 촉진법
249. 공공주택 특별법
250. 국세징수법
251. 공인노무사법
252. 중대재해 처벌 등에 관한 법률
253. 외무공무원법
254. 소방시설공사업법
255. 검역법
256. 공중위생관리법
257. 할부거래에 관한 법률
258. 인터넷 멀티미디어 방송사업법
259. 전기통신사업법
260. 제품안전기본법
261. 철도사업법
262. 어린이제품 안전 특별법
263. 영유아보육법
264. 원자력안전법
265. 보험업법
266. 경비업법
267. 교통안전법
268. 세무사법
269. 관세사법
270. 공인회계사법
271. 지방공무원법
272. 고용정책 기본법
273. 국가경찰과 자치경찰의 조직 및 운영에 관한 법률
274. 협동조합 기본법
275. 재해구호법
276. 환경보건법

해광출판사 대한민국 법령 시리즈

277. 자살예방 및 생명존중문화 조성을 위한 법률
278. 소방산업의 진흥에 관한 법률
279. 소방기본법
280. 비송사건절차법
281. 자연환경보전법
282. 변호사법
283. 기업구조조정투자회사법
284. 전기통신기본법
285. 에너지법
286. 해양생태계의 보전 및 관리에 관한 법률
287. 사회보장기본법
288. 통신비밀보호법
289. 공증인법
290. 물류시설의 개발 및 운영에 관한 법률
291. 청소년활동 진흥법
292. 형의 집행 및 수용자의 처우에 관한 법률
293. 도시공원 및 녹지 등에 관한 법률
294. 태권도 진흥 및 태권도공원 조성 등에 관한 법률
295. 녹색건축물 조성 지원법
296. 우편법
297. 예금자보호법
298. 건설산업기본법
299. 금융회사의 지배구조에 관한 법률
300. 장애인활동 지원에 관한 법률
301. 언론중재 및 피해구제 등에 관한 법률
302. 국가재정법
303. 농지법
304. 게임산업진흥에 관한 법률
305. 정신건강증진 및 정신질환자 복지서비스 지원에 관한 법률
306. 디자인보호법
307. 의료기사 등에 관한 법률
308. 스마트도시 조성 및 산업진흥 등에 관한 법률
309. 내수면어업법
310. 한국주택금융공사법
311. 의료기기법
312. 유통산업발전법
313. 전통시장 및 상점가 육성을 위한 특별법
314. 여신전문금융업법
315. 해외자원개발 사업법
316. 산업교육진흥 및 산학연협력촉진에 관한 법률
317. 빈집 및 소규모주택 정비에 관한 특례법
318. 기업도시개발 특별법
319. 전력기술관리법
320. 국토기본법
321. 지하수법
322. 식품위생법
323. 광업법
324. 호스피스·완화의료 및 임종과정에 있는 환자의 연명의료결정에 관한 법률
325. 주식·사채 등의 전자등록에 관한 법률
326. 표시·광고의 공정화에 관한 법률
327. 골재채취법
328. 국민건강증진법
329. 새마을금고법
330. 여객자동차 운수사업법
331. 마리나항만의 조성 및 관리 등에 관한 법률
332. 한부모가족지원법
333. 국가를 당사자로 하는 계약에 관한 법률
334. 지방자치단체를 당사자로 하는 계약에 관한 법률
335. 축산물 위생관리법
336. 병역법
337. 음악산업진흥에 관한 법률
338. 국가균형발전 특별법
339. 첨단재생의료 및 첨단바이오의약품 안전 및 지원에 관한 법률
340. 공간정보의 구축 및 관리 등에 관한 법률
341. 공유수면 관리 및 매립에 관한 법률
342. 농수산물 유통 및 가격안정에 관한 법률
343. 아시아문화중심도시 조성에 관한 특별법
344. 신탁법
345. 자연공원법
346. 생활화학제품 및 살생물제의 안전관리에 관한 법률
347. 군인사법
348. 국제조세조정에 관한 법률
349. 낙동강수계 물관리 및 주민지원 등에 관한 법률
350. 주민등록법
351. 집합건물의 소유 및 관리에 관한 법률
352. 집단에너지사업법
353. 산림조합법
354. 반도체집적회로의 배치설계에 관한 법률
355. 자본시장과 금융투자업에 관한 법률
356. 담보부사채신탁법
357. 근로자퇴직급여 보장법
358. 국제과학비즈니스벨트 조성 및 지원에 관한 특별법
359. 수도법
360. 식품 등의 표시 · 광고에 관한 법률
361. 약관의 규제에 관한 법률
362. 인삼산업법
363. 종자산업법
364. 항공사업법
365. 건설기계관리법
366. 군형법
367. 궤도운송법
368. 기술의 이전 및 사업화 촉진에 관한 법률
369. 농수산물의 원산지 표시 등에 관한 법률
370. 담배사업법
371. 석유 및 석유대체연료 사업법
372. 가축전염병 예방법
373. 농어촌정비법
374. 식물신품종 보호법
375. 항공보안법
376. 중소기업창업 지원법
377. 군사법원법
378. 우주개발 진흥법
379. 해저광물자원 개발법
380. 산림복지 진흥에 관한 법률
381. 지능형 로봇 개발 및 보급 촉진법
382. 헌법재판소법
383. 옥외광고물 등의 관리와 옥외광고산업 진흥에 관한 법률
384. 혈액관리법
385. 국제항해선박 등에 대한 해적행위 피해예방에 관한 법률
386. 유료도로법
387. 독립유공자예우에 관한 법률
388. 신에너지 및 재생에너지 개발 · 이용 · 보급 촉진법
389. 신용정보의 이용 및 보호에 관한 법률
390. 출판문화산업 진흥법
391. 공항시설법
392. 국민 평생 직업능력 개발법
393. 아동 · 청소년의 성보호에 관한 법률
394. 방송법쉬
395. 신용보증기금법
396. 화장품법
397. 청소년 기본법
398. 인터넷주소자원에 관한 법률
399. 양곡관리법
400. 도로명주소법
401. 전자문서 및 전자거래 기본법
402. 산업기술의 유출방지 및 보호에 관한 법률
403. 국가기술자격법
404. 양식산업발전법
405. 산업기술혁신 촉진법
406. 새만금사업 추진 및 지원에 관한 특별법
407. 전자정부법
408. 지역 개발 및 지원에 관한 법률
409. 한국농어촌공사 및 농지관리기금법
410. 계량에 관한 법률
411. 기업활동 규제완화에 관한 특별조치법
412. 군에서의 형의 집행 및 군수용자의 처우에 관한 법률

해광출판사 대한민국 법령 시리즈

413. 규제자유특구 및 지역특화발전특구에 관한 규제특례법
414. 금융위원회의 설치 등에 관한 법률
415. 남녀고용평등과 일·가정 양립 지원에 관한 법률
416. 농어업인 삶의 질 향상 및 농어촌지역 개발촉진에 관한 특별법
417. 댐건설·관리 및 주변지역지원 등에 관한 법률
418. 국가유산수리 등에 관한 법률
419. 법원조직법
420. 보훈보상대상자 지원에 관한 법률
421. 부패방지 및 국민권익위원회의 설치와 운영에 관한 법률
422. 과학기술분야 정부출연연구기관 등의 설립·운영 및 육성에 관한 법률
423. 연구개발특구의 육성에 관한 특별법
424. 친환경농어업 육성 및 유기식품 등의 관리·지원에 관한 법률
425. 연안관리법
426. 영화 및 비디오물의 진흥에 관한 법률
427. 신용협동조합법
428. 방송통신발전 기본법
429. 범죄피해자 보호법
430. 가축 및 축산물 이력관리에 관한 법률
431. 국가표준기본법
432. 국가통합교통체계효율화법
433. 범죄인 인도법
434. 국가과학기술 경쟁력 강화를 위한 이공계지원 특별법
435. 국제경기대회 지원법
436. 금융혁신지원 특별법
437. 수자원의 조사·계획 및 관리에 관한 법률
438. 축산자조금의 조성 및 운용에 관한 법률
439. 소방시설 설치 및 관리에 관한 법률
440. 양성평등기본법
441. 축산계열화사업에 관한 법률
442. 수입식품안전관리 특별법
443. 대외무역법
444. 국가연구개발사업 등의 성과평가 및 성과관리에 관한 법률
445. 무역보험법
446. 기술사법
447. 광산안전법
448. 농약관리법
449. 농업·농촌 및 식품산업 기본법
450. 문화산업진흥 기본법
451. 부담금관리 기본법
452. 야생생물 보호 및 관리에 관한 법률
453. 한국은행법
454. 별정우체국법
455. 원양산업발전법
456. 콘텐츠산업 진흥법
457. 한국수출입은행법
458. 외국인투자 촉진법
459. 물류정책기본법
460. 전자서명법
461. 산업발전법
462. 산업표준화법
463. 소프트웨어 진흥법
464. 토지이용규제 기본법
465. 해수욕장의 이용 및 관리에 관한 법률
466. 정보통신 진흥 및 융합 활성화 등에 관한 특별법
467. 정보통신산업 진흥법
468. 지진·화산재해대책법
469. 소금산업진흥법
470. 위치정보의 보호 및 이용 등에 관한 법률
471. 외국법자문사법
472. 이러닝(전자학습)산업 발전 및 이러닝 활용 촉진에 관한 법률
473. 암관리법
474. 실용신안법
475. 가족관계의 등록 등에 관한 법률
476. 무인도서의 보전 및 관리에 관한 법률
477. 감사원법
478. 정보보호산업의 진흥에 관한 법률
479. 결혼중개업의 관리에 관한 법률
480. 공익신고자 보호법
481. 박물관 및 미술관 진흥법
482. 낚시 관리 및 육성법
483. 동산·채권 등의 담보에 관한 법률
484. 임금채권보장법
485. 국민투표법
486. 농림수산업자 신용보증법
487. 국가채권 관리법
488. 중소기업은행법
489. 식품안전기본법
490. 외국환거래법
491. 발명진흥법
492. 건설기술 진흥법
493. 기후위기 대응을 위한 탄소중립·녹색성장 기본법
494. 인체조직안전 및 관리 등에 관한 법률
495. 엔지니어링산업 진흥법
496. 신문 등의 진흥에 관한 법률
497. 식물방역법
498. 석탄산업법
499. 산업융합 촉진법
500. 비료관리법
501. 임업 및 산촌 진흥촉진에 관한 법률
502. 복권 및 복권기금법
503. 대규모유통업에서의 거래 공정화에 관한 법률
504. 뉴스통신 진흥에 관한 법률
505. 지능정보화 기본법
506. 자격기본법
507. 중소기업 기술혁신 촉진법
508. 국가공간정보 기본법
509. 농어업재해대책법
510. 방송광고판매대행 등에 관한 법률
511. 지식재산 기본법
512. 초고층 및 지하연계 복합건축물 재난관리에 관한 특별법
513. 해양 조사와 해양정보 활용에 관한 법률
514. 공간정보산업 진흥법
515. 공공기관의 정보공개에 관한 법률
516. 행정기본법
517. 해상교통안전법
518. 농어업재해보험법
519. 문화유산의 보존 및 활용에 관한 법률
520. 자연유산의 보존 및 활용에 관한 법률
521. 국토의 계획 및 이용에 관한 법률
522. 건축법
523. 국민건강보험법
524. 계엄법
525. 환경친화적 선박의 개발 및 보급 촉진에 관한 법률
526. 해양폐기물 및 해양오염퇴적물 관리법
527. 연안사고 예방에 관한 법률
528. 전기안전관리법
529. 의약품 등의 안전에 관한 규칙
530. 공공보건의료에 관한 법률
531. 군보건의료에 관한 법률
532. 농어촌 등 보건의료를 위한 특별조치법
533. 보호소년 등의 처우에 관한 법률
534. 국가를 당사자로 하는 소송에 관한 법률
535. 간호법
536. 국립묘지의 설치 및 운영에 관한 법률
537. 주류 면허 등에 관한 법률

*** 해광출판사의 법령 시리즈는 계속 발행 됩니다.**
**** 각 도서의 개정판은 인쇄일을 기준으로 제작 되었습니다.**